広島ご城下 歴史たび

元広島テレビ放送記者
原田 邦昭

南々社

広島ご城下　歴史たび

はじめに

「広島城下町ができた頃、海岸線はどこら辺りにあったか知っとる？」

私は誰かれかまわず、聞き回ったことがあります。知人、友人はもちろんですが、ときには繁華街の飲み屋で、たまたま隣り合わせになった人にも質問したことがあります。

「知らんのう」と答える人がほとんどでした。私が「それはねー、平和大通り辺りにあったんよ」と言うと、相手は「へー、そうなん」と驚きの表情を見せます。なかには「そんなこと知っとって、いったい何の得があるんかいの」と、半ばあきれ顔に、ムカついた表情も覗かせて答える人もいました。

実は質問した私も、城下町時代の海岸線が平和大通り辺りにあったことなど、つゆほども知りませんでした。たまたま機会があって、知っただけのことです。それで、ほかの人は知っているのだろうかと聞いてみたくなり、誰かれかまわずのイタズラ質問になったというわけです。

海岸線が平和大通り辺りにあったことを知ったとき、私は正直驚きました。「街のど真ん中じゃないか。そんな所に海岸線があったなんて、信じられない」と思ったのです。これはまさしく、私が広島の街の歴史に対して全くの無知だと思い知らされた瞬間でもありました。飲み屋で質問したときも、多くの人は広島の歴史を知りませんでした。「これでいいのだろうか」と、素朴に思いました。子供たちでも理解できる、分かりやすい広島の歴史を書きたいと思ったのはそのときです。

私は、一冊の本を手にしました。それは『広島城四百年』（中国新聞社編、１９９０年）で、広島城とその城下町が建設され、４００年が経ったことを記念して出版されました。

この本には、合戦の話や勇ましい武勇伝などはあまり出てきません。毛利元就《もうりもとなり》が武将を督励《とくれい》して広島デルタの干拓と土地造成に取り組んだことや、元就の孫の輝元《てるもと》が、大借金にあえぎながらも城下町建設を成し遂げたことなど、歴史本としては地味とも思える話が続きます。しかし、私は夢中になって読み続けました。そうさせたのは何といっても、話の舞台が私たちの暮らす「広島」であったということです。

広島は原爆によって、地上にあったものを一瞬にして失いました。歴史を伝える古寺や街角の地蔵さん、それに樹齢を重ねた古木などもです。しかし、失われなかったものがあります。それは城下町創建当時の道筋であり、それによって区画された町の形と広がりです。

町には職業や屋号、出身地など、さまざまな由来によって名前がつけられ、そこにはそれぞれの暮らしがありました。名前は古絵図に残されています。なかには「広島城下絵屏風」などのように、町並みと人々を描いたものもあります。私たちはそれらを頼りに今に残された道筋をたどれば、城下町を歩くことができるのです。それは想像の歴史旅になりますが、あれこれと考え、イメージを膨らませるのは楽しいことです。

歴史は、地方は地方だけで、あるいは中央は中央だけでつくられるものではありません。お互いが影響し合って大きな流れをつくるのです。この点も考慮に入れて書き進めました。そのため、舞台が中央に移り広島を離れるところもありますが、それは広島の歴史をさらに確実に知るために必要だと思っています。歴史を少し俯瞰することで、今まで気づかなかったものがみえてくることもあるからです。

私は、歴史の専門家ではありません。しかし、広島のことをもっと知りたい、もっと知ってほしいという思いを強く持っています。

『広島城四百年』の記者は、「あとがき」にこう書いています。

「歴史を知り、歴史を生かした都市空間を作ってこそ、魅力ある都市になることを、築城四百年の今、少しでも多くの人々に考えていただきたいと思う」（中国新聞社編『広島城四百年』、第一法規出版株式会社、１９９０年）

この命題はいつも真実です。そして、私も本稿に同じ願いを込めました。

最後に、忘れてはならないことがあります。広島城下町が、「海を埋め立てて造られた」という歴史から逃れることはできないという事実です。私たちはゼロメートル地帯に暮らしているのです。街路には「海抜1・8m」などの標識が掲げられています。見逃しそうな小さな標識ですが、これは、今後起こりうる巨大地震による津波や、豪雨による水害への大きな警告を発しているのです。

広島ご城下 歴史たび

もくじ

広島ご城下 歴史たび

もくじ

広島ご城下 歴史たび

もくじ

コラム

第一章　かつての海岸線をさがして

一　カニが戯《たわむ》れ、エビが跳《は》ねた！　平和大通り

愛宕《あたご》池の大石

広島城下町は、太田川河口の広島デルタに建設されました。今から約430年前、戦国時代末期のことです。当時、海岸線はどこら辺りを通っていたのか知っていますか？　答えは「平和大通り辺り」です。

「エッ！　そんな街中なの？」。驚きの声が聞こえそうです。私もそうでした。人と車があふれる現在の喧騒からは、到底信じることができなかったからです。あらためて平和大通りを歩いてみました。

「エー！　すごい大きな石だな！　なんで、こんな所に転がっているの？」

ぶらぶら歩いていると、大きな石に目がとまりました（写真1）。この大石、ただ単に大きいと表現するには無理がありそうです。眺めていると、見えているのはほんの氷山の一角で、

地中には想像もできないほどの巨岩が隠れていそうです。山奥の光景なら驚くにはあたりませんが、ここは都会のど真ん中、平和大通りの緑地帯です。近くには白神社《しらかみしゃ》前交差点があり（図1）、その交通量は半端ではありません。そうした都会の喧騒には我関せずとばかりに、大石は鎮座しているのです。

写真１　愛宕池の大石

大石が一つなのか、あるいは数個が折り重なっているのか、よく分かりません。大石に続いて小石が並んでいます。その並びを見ていると、どうやら池を縁取っているようにも見えます。北に目をやると高層ホテル（ANAクラウンプラザホテル）の玄関が見えますから、池はまるで玄関前を飾る豪華な装飾にも見えてきます。「池造りのためにこんな大石を運んできたの？」「お金がかっただろうな」などと、余計な考えをめぐらせながら辺りを見回すと、説明板が目に入りました。

「この辺りは、旧国泰寺の境内にあたります。この池は、ここに国泰寺の鎮守愛宕社があったことから愛宕池と呼ばれるようになったものです。愛宕社は、国泰寺開

図１　白神社前交差点付近

基当時（１６０１年）から存在しており、この池は当時のおもかげを残しているもので、城下町形成初期の遺構として貴重なものです。また、この池は、白神社の境内に連ら〔原文ママ〕なる岩礁の一部を利用して池としたもので、城下町形成初期の頃の海岸線は、この付近であったと推定され、三角州形成の一つの里程標としても意味深いものです」（「旧国泰寺愛宕池」の説明板より）

これで大石の謎が解けました。海岸の岩礁だったのです。

４００年近くもの間この地にあった国泰寺は、１９７８（昭和53）年、己斐（広島市西区）に移転しました。しかし愛宕池の大石は、移転など知らん顔で元のままいます。当たり前のことです。大石は広島湾ができた太古の時代から存在し、地殻変動がない限り動くことはないからです。なお愛宕池は、１９８４（昭和59）年、広島市の史跡に指定されています。

岩礁に鎮座、「白神社」

愛宕池の岩礁は、白神社の境内にある岩礁に連なっているとの説明です。白神社は愛宕池の

写真２　白神社

写真３　岩礁に立つ祠（白神社）

すぐ北にあり、鳥居脇の説明板には興味深い話が書かれています（写真2）。

「このあたりは16世紀頃まで海であり、船がしばしば海面につきでた岩礁に衝突し遭難したので、船人は岩上に白い紙を立て、船の安全をはかる目印にしていた。その後、ここに水祠を建て〝白神〟と称し、毛利、福島時代には広島の総氏神として住民から尊崇されていた」（「白神社」の説明板より）

「白い紙を立てたから、白神社と呼んだ！　なんて分かりやすい！」私は、思わず吹き出してしまいました。ところで、岩礁が見当たりません。そこで境内の裏に回ってみたところ、岩礁が目に入ってきました。小さな祠《ほこら》を支える基礎石に利用されていたのです（写真3）。この岩礁と愛宕池の大石との距離は、およそ40mでしょうか。この間は繋がっているというのですから、その昔は海岸をダイナミックに造形して、雄大な姿を見せていたことでしょう。岩礁には白波が寄せ、磯ではカニが戯れ、エビが跳ねる、そんな風景が広がっていたはずです。

しかし現在、この平和大通りに海辺の風景などあるはずもありません。城下町を建設して以降、人々は営々と干拓を続け、海辺をはるか南に押し出していったからです。

この海岸線の話を皮切りに、これから「広島街づくり」の物語がスタートします。

二　土砂の堆積

道ゆきぶり

広島城下町は、平和大通りを海岸線として、つまり南限として建設されました。建設が始まったのは1589（天正17）年です。この頃には、太田川の河口では、土砂が堆積して島のような砂州が形成されていました。そして干拓技術の飛躍的な発展もあって、砂州は陸地化され、城と城下町の建設という大規模プロジェクトが可能になったのです。ですから土砂の堆積状況は、城下町建設にとって重要な鍵を握っていたというわけです。

土砂の堆積状況を記した記録などはありませんが、ヒントならあります。14世紀の半ば過ぎ頃（南北朝時代）に書かれた紀行文、『道ゆきぶり』で、この中に、当時の広島湾頭の様子を描写した文章があります。

作者は、北朝の武将・今川貞世《いまがわさだよ》（のち了俊《りょうしゅん》と号した）です。了俊は、北朝（室町幕府）から九州探題に任命され京都を発ち、任地の九州大宰府をめざして山陽路を下りました（1371年2月）。安芸国（広島県西部）では、沼田《ぬた》（三原市）を経て、8月30日海田の浦（安芸郡海田町）に着き、翌月19日まで滞在しました。その後、はっきりとは分かっていませんが、海沿いを通って、太田川河口を歩いて渡り、佐西《ささい》の浦（廿日市市）へ到着したと考えられています。

このとき目にした風景を、了俊は次のように描写しました。

「長月の十九日の有明の月にいでて、しほひの浜を行程、なにとなく面白し、さて佐西の浦につきぬ」（今川了俊『道ゆきぶり』〈土井作治監修『図説 広島市の歴史』、株式会社郷土出版社、2001年〉）

了俊は何を面白いと感じたのでしょう。それは、空にまだ月が残る秋の早朝、浅瀬に群れ泳ぐ小魚であり、それをついばむ水鳥の姿だったかもしれません。そう考えると、〝しほひの浜〟が、潮が満ちたときには海に隠れ、潮が引いたときには顔をのぞかせる干潟であったと想像で

図２　しほひの浜を渡る今川了俊（想像図、広島城所蔵）

きます（図２）。

つまり14世紀の半ば過ぎ頃、太田川河口では、干潟が現れるほど土砂の堆積が進んでいたということです。〝しほひの浜〟から南に広がる広島デルタに広島城下町は建設されるのですが、それは了俊の時代から２００年余り後の、長い歳月が過ぎたあとのことでした。砂州の堆積とは、まさしく大自然が悠久の時をかけ営む大仕事だったのです。

了俊が長逗留した海田の浦も、太田川河口と同じような生い立ちがあります。古代は瀬野川の河口に位置する磯潟でしたが、上流から運ばれてくる土砂の堆積で徐々に陸地化していきました。ですから古い時代は、海が河口奥深くまで入り込んでいて、歩いて通れるような所ではありませんでした。しかし14世紀後半の了俊の時代には、陸地化が進み街道筋の宿場町にまで成長していたのです。

海田の浦がまだ海であった古代、山陽道（西国街道）は山越えを余儀なくされており、その道筋は、東広島市西条町寺家《じけ》から広島市安芸区畑賀《はたか》へ、そこからは日ノ浦山北側の甲越峠《こうごえ》を越えて、国府があった安芸郡府中町へ抜けていました。現在は県道84号線として整備され、多くの車が利用しています。甲越峠は標高約２００ｍにあり、そこからは府中の町が眼下に広がります。都から遠路を旅してきた古代の人は、国府まであと少しだと励まされたことでしょう。

ところで了俊は、太田川河口のどの辺りを歩いて渡ったのでしょう。東岸は不動院付近と西岸は祇園付近とを結ぶ辺りだと考えられています。現在では、アストラムラインが太田川を渡る付近です。太田川河口に広がる〝しほひの浜〟を歩いて渡ることができるようになったことで、山陽道は以前に比べて距離、時間ともに短縮されました。それまで太田川を渡るためには、流れに影響されない川上まで遡らなければならなかったからです。

古代山陽道

古代山陽道は、播磨《はりま》（兵庫県）・美作《みまさか》・備前・備中（岡山県）・備後・安芸（広島県）・周《す》防《おう》・長門《ながと》（山口県）の８か国を通り、京都と九州太宰府を結んでいました。経路には駅家《うまや》（駅）

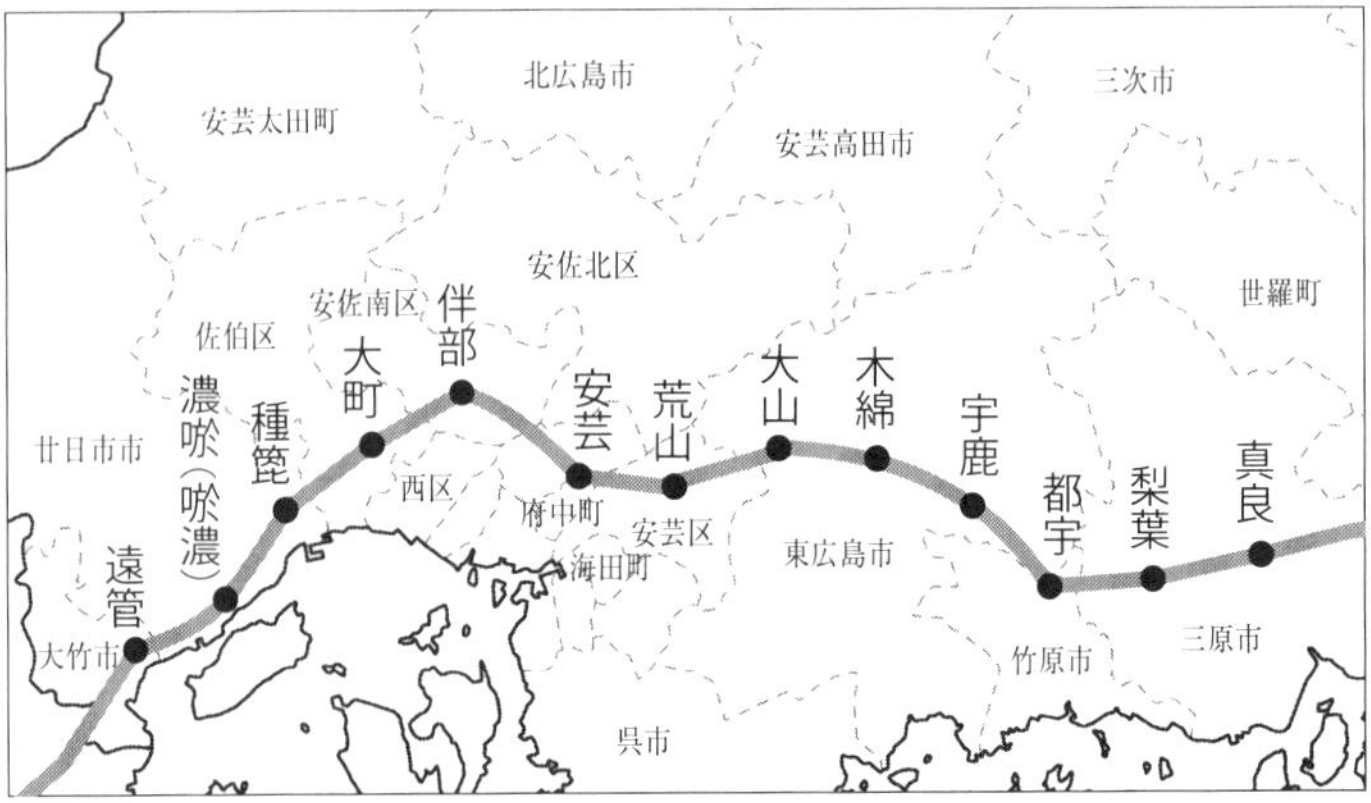

図３　安芸国内山陽道の駅家
（『広島県史 原始・古代 通史Ｉ』、広島県、1980年をもとに作成）

が設けられ、『延喜式』にその駅名が記されています。それによると、安芸国には、「図３」のように、13の駅がありました。

『広島県史』による比定地をもとに、現在の地名でたどってみましょう。三原市高坂町真良（馬井谷）～三原市本郷町下北方～竹原市新庄町～東広島市高屋町郷～東広島市西条町寺家～広島市安芸区上瀬野町（大山峠）～広島市安芸区畑賀～安芸郡府中町石井城～広島市安佐南区沼田町伴～広島市佐伯区五日市町石内～廿日市市下平良～廿日市市大野高畑～大竹市小方町。[注1]

朝廷は大化の改新に際し、律令制のもと各国に国司を、その下に郡司を置き、地方を治めようとしました。そのため、国道を整備して、中央官庁の命令を速やかに伝えるとともに交通の便を図ったのです。朝廷が整備したのは山陽道、東海道、東山道、山陰道、北陸道、西海道、南海道で、「天下七道」と呼ばれました。この七道は重要度の高い順に、大路・中路・小路の3ランクに格付けされ、大路は京都と九州大宰府を結ぶ山陽道だけでした。これは、大陸との情報通信や交通の往来を重視していたためといえるでしょう。

なお、『延喜式』は平安時代に律令の施行細則を集大成したもので、927年に完成しました。「律令」は現代の憲法に相当します。朝廷は憲法を基本に国を治めることにしたのですから、極めて優秀な国家が日本に生まれたといえます。しかし、この憲法はその理想が高すぎたのか、時代が下るにつれて次第に骨抜きにされていきます。

(注1)『広島県史 原始 古代 通史Ⅰ』(広島県、1980年)による比定地をもとに、2019年12月現在の地名を表記。

広島湾の風景

太田川河口で〝しほひの浜〟が形成されたあとも土砂は絶え間なく運ばれ、広島湾に堆積して砂州をつくっていきました。その砂州には人々が住み着き、「五ケ村」「五ケ浦」などと呼ばれる集落ができました。

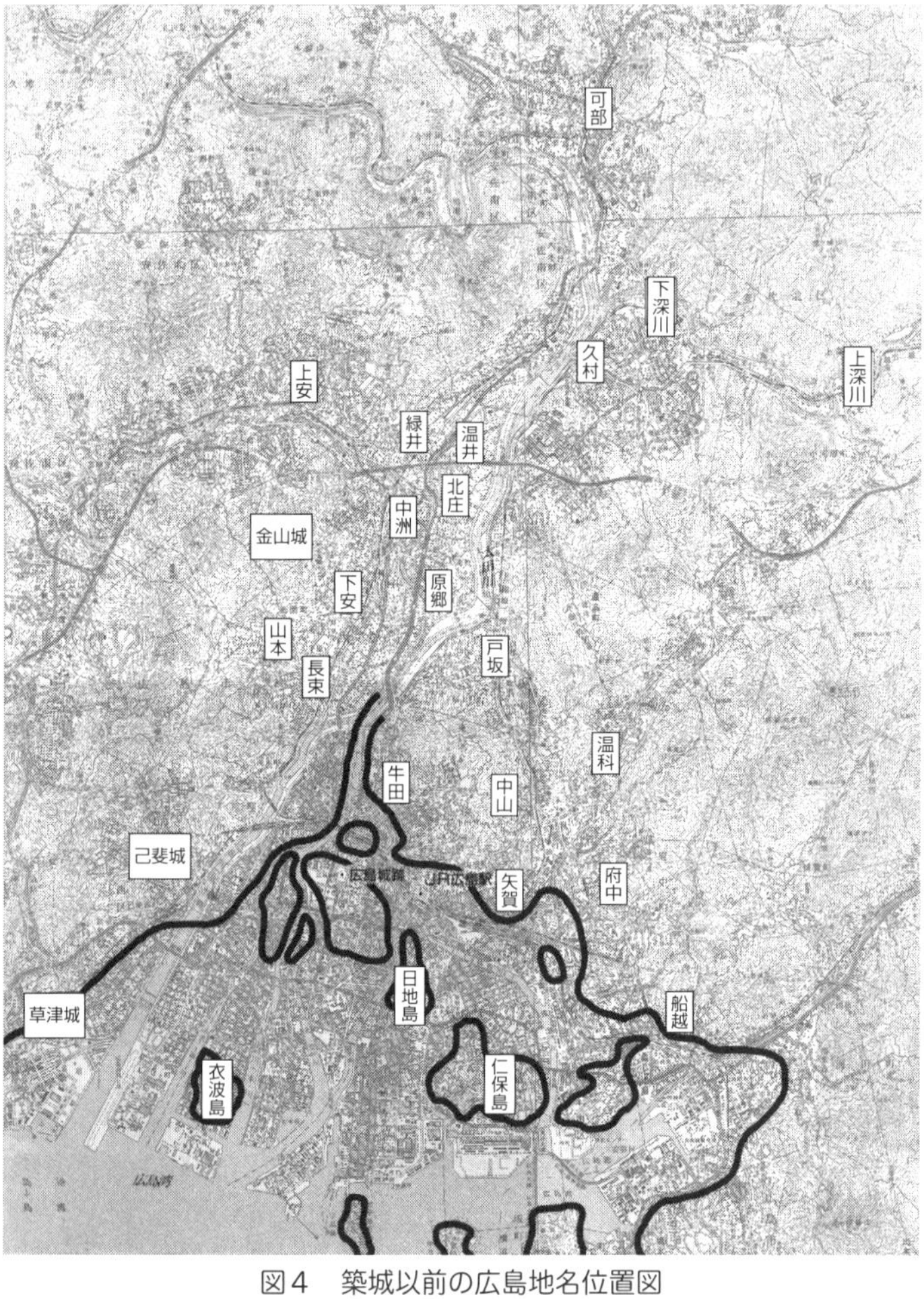

図４　築城以前の広島地名位置図
(出典：『歴史群像・名城シリーズ⑨ 広島城』、株式会社学習研究社、1995 年 P.99 築城以前の広島「当時の広島地名位置図」〈作成＝秋山伸隆〉)

秋山伸隆氏（現　県立広島大学特任教授）は、広島城築城以前の湾内の地形を地図上に表わし（図４）、「五ケ」の集落がどの範囲にあったのかを、次のように推定しています。

「『五ケ』と総称される地域の範囲を地図上に確定することは容易ではないが、戦国時代以前の史料にその地名がすでにあらわれる己斐・長束・戸坂《へさか》・牛田・矢賀・府中・船越《ふなこし》を結ぶ陸上の線と、同じく沖合の島としてあらわれる衣波《えば》島（江波）・日地《ひじ》島（比治山）・仁保《にほ》島（黄金山《おうごんざん》）を結ぶ海上の線とに囲まれた範囲に広がるデルタ上の村々（浦々）を指すものと考えられる」（『歴史群像・名城シリーズ⑨広島城』、株式会社学習研究社、１９９５年より秋山伸隆「築城以前の広島」）

写真４　碇神社

推定図（図４）で、湾内の北に丸く描かれているのが、「箱島」と呼ばれる砂州です。現在の白島地区に当たります。古くから存在していた砂州だといわれており、江戸時代の地誌『知新集』は、奈良時代の７１５（霊亀元）年、「正観寺」という寺が建立されたと伝えています。

また箱島明神「碇《いかり》神社」も、箱島に古くから鎮座していました（写真４）。原爆によって失われましたが、牛田大橋から少し南に下った白島九軒町に復興され、地域の神社として親しまれています。鳥居脇の説明板に、由緒が書かれています。

それによると、祭神は大綿津見神《おおわだつみのかみ》。古くは箱島明神とも称し、創建は奈良時代初期（約1250年前）とあります。「此の地其の昔海辺なりし頃　当碇神社の社辺に大岩盤在り　太古よりしばしば舟が難破せし為　地と海の神を鎮祭し奉ることに始まる　従って当広島に於ける最古の氏神と考証される」。また、「天正十七年（一五八九年）毛利輝元公広島城築城に際し改めて社殿を造営し社領の寄進を為す」とも書かれています（「碇神社」掲示板由緒より）。

　私は大みそかの晩に、神社を訪れたことがあります。拝殿の前には長い行列ができ、参拝を待っていました。境内では薪が焚かれ、参拝者はそれを取り囲んで世間話を楽しんでいました。小さな神社ですが、地域の人たちには、昔からの「おらが神社」なのでしょう。「碇神社」の名前は、瀬戸内海を航行する舟が、近くで碇を下ろして停泊したというのが由来とも伝わっています。数年前までは近くの京橋川でシジミ採りの小さな川船を見かけましたが、その昔は大型の海船が骨休みをしていたのかもしれません。

　さて推定図では、箱島の南に、かなり広く生育した砂州も見られます。しかし全体として、広島湾を占めていたのは海でした。その後歳月が流れ、五ケ浦の地も土砂の堆積と人々の干拓の手が加わり、陸地化していきます。そして広島城下町が建設され、広島湾頭で一番の賑わいをみせる大都市に発展していったのです。

　では、それまで広島湾頭に賑わいの地は、なかったのでしょうか。

コラム1

今川了俊と南北朝時代の毛利氏

今川了俊が赴任した九州探題は、九州の治安を目的とした北朝の治安組織です。当時の日本は、足利尊氏の北朝（京都）と、それに反発して後醍醐天皇が打ち立てた南朝（吉野）とが並立し、各地で勢力争いをしていました。九州では南朝の勢力が強く、北朝はこれを制圧するため、手腕を認められていた了俊を派遣したのです。

派遣に際し、北朝は了俊を安芸・備後の守護に任命しました。芸備の武士を戦いに動員できる権限を与えるためでした。動員されたのは、毛利元就の先祖に当たる吉田（安芸高田市）の毛利元春や、三入（広島市安佐北区可部）の熊《くま》谷宗直《がいむねなお》らです。了俊ら北朝軍は、苦戦しながらも、南朝勢力を平定しました。しかし九州在陣中、元春は実弟の直元ら南朝方に吉田荘を奪われるなど、存続の危機にも見舞われました。南北朝時代は、毛利惣領家に苦難を強いた時代でもあったのです。

第二章　城下町形成以前の広島

一　広島城下町以前の賑わい地

祇園

広島城下町が建設される前、広島湾頭で賑わっていたのは「祇園」（広島市安佐南区祇園、図5）です。〝しほひの浜〟でふれた太田川河口の西岸の土地です。ここでは西側の連山と太田川にはさまれた下流域に、かなり開けた平野が形成されていました。そして平安末期から、物流の中継基地として栄えていったのです。

祇園の地が歴史的に賑わったことがあるのを知って、私はいささか驚きました。それまで抱いていた祇園のイメージは、広島市の北西郊外にあって、都市開発が遅れた地区だというものだったからです。しかし、これは無知と偏見がなせるわざでした。

祇園が栄えた理由、それは水上交通に恵まれていたことです。太田川の河口に位置すると同時に、瀬戸内海にも臨むという地の利が繁栄をもたらしたのです。河川交通と海上交通を結ぶ中継地としては、うってつけの場所でした。内陸の荘園で収穫された農産物（年貢物）は川船によって運び出され、倉庫に一時保管されます。その後、海船に積み替えられ、京阪の荘園領主などに送られました。

倉庫が建ち並んだことから、祇園は「倉敷地」と呼ばれました。平安時代の12世紀半ば頃、祇園近くの長束《ながつか》には嚴島神社家の倉敷地がありました。神社家が所有する荘園は、志道原荘《しじわらのしょう》など、現在の山県《やまがた》郡北広島町辺りにもあり、送られてくる年貢物を一時保管する倉庫があったのです。

祇園には「帆立」という地名が残っています。「帆立」は船を連想しますから、多くの船が行きかう光景を想像することができます。倉敷地では荷物の上げ下ろしや、倉庫の管理など、大勢の人が働いていました。つまり祇園は、商品流通に関わる太田川の拠点として重視され、水上交通の時代を通じて賑わいが廃れることはなかったのです。

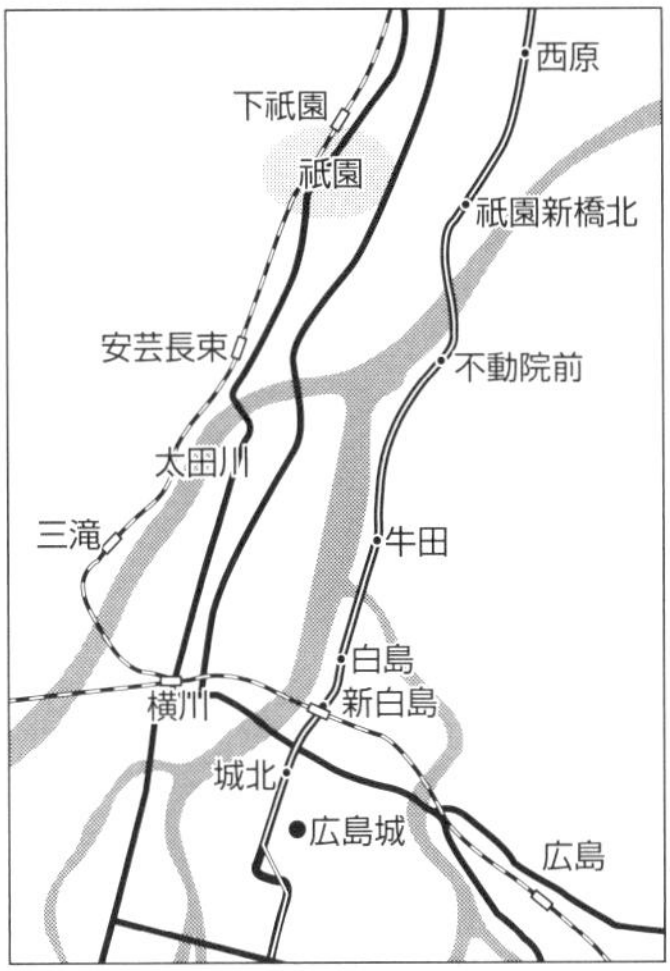

図5　祇園（現在）

祇園に注目した武田氏

水上交通の要衝である祇園の戦略的な優位性を、当時の支配層が見逃すはずがありません。最初に目を付けたのが、甲斐（山梨県）の武田氏です。鎌倉時代の末期（14世紀前半）、武田氏の中の一族が甲斐を離れ、西国・安芸に移住してきました。そのとき安芸国支配の本拠に定め、城を構えたのが、祇園だったのです。

ではなぜ、関東武士が遠く離れた西国の安芸国へやってくることになったのでしょう。その疑問を解くために、少しばかり歴史をひもといてみなければなりません。

コラム2 「祇園」の地名

祇園の地名の由来ですが、一説では、京都祇園の末社である安《やす》神社がその起源とされています。安神社はかつて「安芸之国祇園社」と呼ばれ、現在も地元の人々に〝おぎおんさん〟として親しまれています。創建は、869（貞観11）年に、出雲の神々を祭神として祀ったのが始まりともいわれています。

二　私有地（荘園）と武士の発生

土地国有が破綻

６４５年の「大化の改新」を経て、日本の統治に当たることとなった朝廷は、大胆な土地政策を行いました。すべての土地をいったん国有にした上で、あらためて人々に貸し与えたのです（班田収授法）。しかしこの政策は、時代が下るにつれて、次第に破綻していきました。人口が増えたことで、土地が不足してきたのです。さらに、朝廷は政治の安定のために土地を政策的に配ったため、土地不足に拍車がかかりました。たとえば、貴族の位田（位階に対して与えられる田地）や、職田（官職に対して与えられる田地）、それに功田（功労に対して与えられる田地）などが増え、土地が足らなくなったのです。

さて土地不足の問題をどのように解消するかですが、新たに土地を開拓するしか方法はありません。朝廷は農民を動員する大規模な開拓を計画しましたが、膨大な予算がいることから計画倒れに終わりました。また、開墾してもいずれ朝廷に返さなければならない土地なわけです

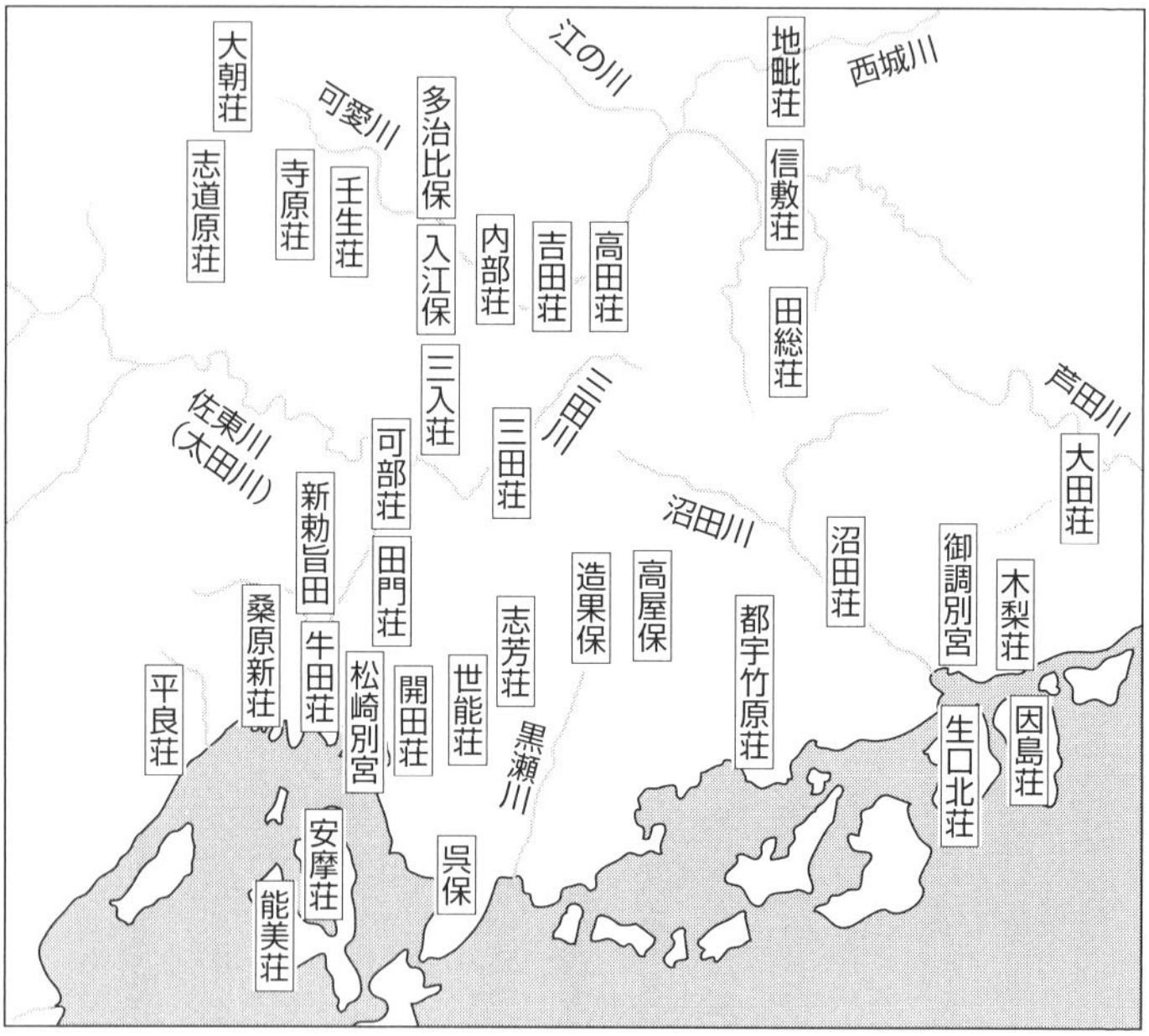

図6　安芸・備後の主な荘園
（『新修広島市史 第二巻 政治史編』、広島市役所、1958年の「広島地方荘園分布図」をもとに作成）

から、人々のやる気も起きません。困った朝廷は、土地は国のものだとする原則を廃し、「開拓した者には、その土地の私有を認める」という政策をとりました（墾田永年私財の法）。

　こうなると、資金力のある貴族や社寺は農民たちを雇い、競って土地の開拓に乗り出し、私有地を広げていきました。こうして開拓された私有地が「荘園」です。安芸・備後でも、多くの荘園が開拓されました（図6）。

　しかし荘園とはいえ、税を

納めなければならないのが本来の決まりでした。朝廷が土地の私有を認めてまで土地の開拓政策をとったのは、そこから得られる税を期待していたからです。ところが、期待ははずれます。

貴族や社寺は、もともと大きな社寺が持っていた「国家権力の介入を排除する特権」を利用して、荘園を免税にできる方法を考えだしたのです。また、税を集める役人（国司）も、身分の高い貴族や勢いのある社寺が相手となると、税の請求も腰が引けて強くものが言えないという事情もあったようです。

地方の豪族たちも、同じように税逃れをしました。土地を国司よりも身分の高い中央貴族や力のある社寺に寄進して、自分たちは管理人（預所《あずかりどころ》・荘官《しょうかん》）の立場で、土地の実権を握っていったのです。こうすることで、土地は法律上、特権を持つ貴族や社寺のものですから、国に高い税を払う必要がなくなるわけです。このような荘園がどんどん増えていくなかで、荘園領主と国衙《こくが》（国司のいる役所）との抗争が激しくなっていきました。

武士の発生

抗争の激化にともなって、税を納める側と取り立てる側の双方に起きたのが、武装化です。

荘園を持つ豪族たちは、自分の土地は自分で守るのだと武装します。これに対して、税を取り立てる側の国司も、武装して対抗していきます。ところで国司は国家の権力を行使する権限を持っていますから、それが阻まれそうになったときは強制的に実行を図るはずです。しかし法律上は権限があっても、現実の組織としてはそうではなかったと考えられます。いかにも未熟な国家だという印象を否めません。

さて問題はさておき、このような武装化の過程を通して、武士が生まれていきました。武士は一族を率い、郎党・下人（隷属民）を従えて武士団をつくります。武士団は強さが基準ですから、その間に序列ができます。強い武士団は上位に格付けされ、格下の武士団を配下に組み込んで、さらに大きな武士団を形成していきました。そして大きな武士団は、中央貴族の血をひく者を棟梁《とうりょう》（かしら）に戴くようになります。組織を牽引《けんいん》していくリーダーがどこの馬の骨か分からないようでは、人はついていきません。氏素性は、リーダーの大切な条件なのです。そして、このようにして形成された武士団の中心となったのが、桓武平氏と清和源氏です。

桓武平氏と清和源氏

桓武平氏は、桓武天皇の血筋をひく一族です。桓武平氏が勢いをもっていたのは、もともとは東国でした。たとえば、平忠常《たいらのただつね》がそうです。

忠常は上総《かずさ》・下総《しもうさ》（千葉県）から常陸《ひたち》（茨城県）にかけて勢力をふるっていましたが、その行動には目に余るものがありました。国司に従わないばかりか、国府を焼き払い勝手に税を取り立てるなどしたため、朝廷は討伐に乗り出します（１０２８年）。しかし、忠常の勢いにおされて、思うような成果を上げることができませんでした。このため朝廷は源頼信・頼義父子を追討使に任じ、ようやく乱を収めることができたのです（平忠常の乱、１０３１年）。

さらに頼義は、陸奥《むつ》（岩手県）に勢力をもつ安倍氏の反乱を平定（前九年の役）するなど、その軍事力が評価され、源氏の勢力が東国で強くなっていきました。つまり、それまで平氏が持っていた勢力を次第にしのいでいったのです。

勢力を逆転された東国の平氏のなかには、源氏に従ってその家来になる者もいました。しかし、源氏に従うことを拒んで、他の国に移住する者も出てきました。平正盛・忠盛父子も、東国を離れた平氏の一族です。伊勢（三重県）に移り住んだ彼らは伊勢平氏と呼ばれ、そこを中心に勢力を広げていきました。

その平氏を政治的に利用しようとしたのが、白川上皇です。当時、藤原摂関家の荘園は権力をバックに課税や役人の立ち入りを拒み、地方支配の障害になっていました。上皇はこの障害を取り除こうと、政治力のある平正盛に目をつけます。正盛は「北面の武士」に任じられて功績を挙げ、西国の国守に抜擢されます。このことが伊勢平氏に瀬戸内海を掌握する道を開き、平清盛がそれを受け継いでいくことになったのです。

一方、清和源氏は清和天皇の血筋をひく一族です。源氏の主流は、中央貴族の藤原氏と主従関係を結んで勢力を伸ばし、富を蓄えていきました。源氏がその地歩を固めたのは、先ほどふれたように、東国での反乱を平定してからです。

「前九年の役」の後、「後三年の役」が起こります。発端は、安倍氏に代わって陸奥を支配した清原氏の、いわば〝内輪もめ〟でした。この争乱を収めるように朝廷から命じられたのが、頼義の子・義家（八幡太郎）です。義家は苦戦しましたが、見事に乱を平定し、その武勇の名を高めました。評判は全国に伝わり、各地の名主や豪族が次々に土地を寄進してきたといいます。

しかし貴族は、それを認めようとしませんでした。武勇はあるが、身分は卑しいものとして、差別したのです。そして最も恐れたのが、自分たちが持っていた地位と既得権益を脅かされることでした。

なお、義家には新羅《しんら》三郎義光《さぶろうよしみつ》という弟がいました。義光は兄が陸奥の争乱に出陣して苦戦しているとき、役人の職を投げ打って支援に駆けつけたという話が伝わっています。この義光こそ、武田氏の祖となる人です。

武士の世の到来〜保元の乱

武士の力は認めるものの、社会的地位は絶対に認めようとしなかったのが、藤原氏を筆頭とする朝廷貴族たちです。しかし、その考え方がこれからは一切通用しないことを痛切に感じさせる争乱が起こりました。「保元の乱」（１１５６年）です。

保元の乱は、鳥羽上皇・後白河天皇・藤原忠通というグループと、崇徳《すとく》上皇・藤原頼長という二つのグループが、政治の実権を握ろうと戦った武力衝突です。しかし、争乱で実際に戦って血を流したのは、武士たちでした。武士こそが勝敗に決着をつけたのです。

後白河天皇方には源義朝《よしとも》や平清盛らがつき、崇徳上皇方には源為義らがついて、平安京を舞台に、血なまぐさい争いが行われました。勝利したのは後白河天皇方です。しかし勝利は手にしたものの、天皇や貴族たちに心からの喜びはなかったでしょう。なぜなら、自らが戦闘に参加して、実力で勝ち取ったものではなかったからです。

「武士の力があったからこそ、勝利できた」。その現実を思い知らされたのです。一方で武士たちは、自分たちの力に自信を深めていきました。保元の乱で勝利の立役者になったのは、源義朝と平清盛です。しかし二人の間には、次第に対立が生じていきます。

平清盛、源氏を打倒〜平治の乱

保元の乱に勝利した後白河天皇は、退位し後白河上皇として院政を開始します。義朝と清盛の対立には、後白河上皇が二人へとった処遇にも原因があったとされています。あまりにも不公平なものだったのです。戦で最も手柄をたてたのは義朝だとみられていましたが、その位は従五位上の左馬頭《さまのかみ》にとどまったのに対し、清盛へは義朝より格上の正四位下・播磨守を与えたのです。さらに義朝は、後白河上皇の側近、藤原信西《しんぜい》からも田舎侍の扱いを受けたといいます。次第に義朝の心に、後白河上皇や信西、清盛に対する反感が高まっていったと思われます。

後白河上皇や信西への不満は、藤原信頼《のぶより》も抱いていました。信頼は、右大将への昇進を信西に阻まれていたのです。保元の乱から3年後、義朝と信頼らは後白河上皇・清盛・信西らに戦いを挑みます(「平治の乱」、1159年)。しかし清盛方に敗れ、信頼は斬罪、義朝は尾張で殺されました。義朝の子・頼朝《よりとも》も伊豆に流されることになります。

平治の乱に勝利した清盛は、優れた政治手腕を発揮し、平氏一門は全盛に向かいます。清盛は次々と昇進を重ね、1167(仁安2)年には、ついに太政大臣にまでのぼりつめました。現在の総理大臣にあたります。清盛は、武士として初めて政治の実権を握ったのです。朝廷・

貴族の時代には考えられないことでした。

平氏一門は京都の六波羅《ろくはら》に屋敷を連ね、権力を誇示し、天下の政治をとりました。六波羅は鴨川の東岸で、現在の京都市東山区松原町辺りです。

平氏と安芸の国（嚴島神社）

平清盛といえば、嚴島神社を思い浮かべます。では、その関係が始まったのはいつ頃なのでしょう。平正盛のとき、瀬戸内海掌握への道が開けたことは先にふれました。その後さらに関係が深まったのは、正盛の嫡子・忠盛のときです。忠盛は備前（岡山県東部）の国司だったとき、朝廷の命令を受け、瀬戸内海を横行する海賊を平定しました。平定にあたり忠盛は、朝廷からもらい受けた「海賊討伐の宣旨」という命令書を効果的に使いました。それは水戸黄門の印籠《いんろう》に似た効力を発揮したのです。

忠盛の子・清盛は１１４６（久安２）年、29歳で安芸守となり、広島との結びつきが一層強まっていきました。嚴島神社との関係が深まったのはこのときからです。それは平氏と嚴島神社の双方に、関係を深めることで利益が得られるという思惑が働いたからだと思われます。嚴島神社は瀬戸内海地域の土豪の信仰を集めていましたから、平氏はその土豪の信仰を取り込んで政治支配に利用しようとしました。一方、嚴島神社の神主・佐伯景弘《さえきかげひろ》も、平氏の政治的な勢いを巧みに利用して、神社の発展をもくろみます。

清盛の支援を背景に、嚴島神社は社殿群を回廊で結んだ、寝殿造の豪奢な建物へと変貌を遂げました。建物の修造は1168（仁安3）年に終わり、現在見るような、朱色の社殿が紺碧の海に浮かんだのです。

その後、平家一門の権勢が強まっていくにしたがって、後白河法皇（出家した後白河上皇）をはじめ、皇族・貴族の参拝も増えていきました。そして、石清水八幡宮や賀茂神社、それに春日大社などと並ぶ、最高の社格を得るまでになったのです。清盛は貴人を嚴島神社へ参拝させるときは船で案内しましたが、これには瀬戸内海の治安は、平氏の水軍力で保たれていることを見せつける狙いもあったと思われます。

平氏一門の繁栄ぶりは、尋常ではありませんでした。一族の多くが公卿や殿上人となって国政で力を持ち、また、平氏が治める国は30余りと国内の半分を占めるようになった上、荘園は500か所余りに及んだといいます。

このように政治をほぼ独占し、富を蓄えていく平氏に対して、反感が高まるのは当然のことでした。政権からはずされた貴族や、これまでの既得権を奪われた社寺、そして活躍の場を奪われた地方武士たちです。こうした反平氏の空気を読みとって、平氏打倒の兵を挙げたのが、源頼朝でした。

1185（文治元）年、頼朝の弟・義経は壇ノ浦（山口県下関市）で平氏一門を滅ぼし、平氏のもとで戦った西国武士の多くも運命をともにしました。このことは、東国の武士団が西国の武士団に勝ったともいえるでしょう。その後、西国には東国の武士団が進出して、勢力地図は大きく書き換えられることになったのです。

三　東国武士、続々と西国へ

守護・地頭

平氏を滅ぼした源頼朝は、1185年、平氏の残党やその後対立の強まった義経らを捕まえることを口実に、全国に守護、地頭を配置することを朝廷に認めてもらいました。頼朝の本音では朝廷に遠慮することなく、源氏政権による支配体制を敷きたかったのでしょうが、そうもいかなかったようです。武士階級が政治支配を認められるほど、社会的な地位は高くはなかったからです。一方、朝廷には依然として伝統的な権威があり、それなりの敬意を払わなくてはなりませんでした。

守護は国ごとに置かれ、治安維持と御家人（将軍と主従関係のある武士）の統率に当たるのが仕事です。地頭は公領や荘園に置かれ、その土地を管理したり税金を取り立てるのが役目でした。

頼朝は平氏が西へ向けて敗走しているとき、いち早く相模国出身の土肥実平《どひさねむら》を備前、備中、備後、併せて3か国の守護として送り込んでいます。西国の中でも特に重要な3国の治安を重視し、一刻も早く支配権を確立しておきたいと考えたのでしょう。平氏に勝利した後は、平氏勢力を駆逐した西国に東国の武士たちを送り込もうとしました。しかし、全てがスムーズに運んだわけではありません。地頭の受け入れについては、在来の荘園領主が強く反対し、実際に配置されたのは元平氏領や謀反人の土地に限られてしまったのです。ただ、芸備地方は押しなべて平氏勢力が強かった所だけに、多くの東国武士が送られてきました（表1）。

この平氏滅亡後の西国への東国武士送り込みを第一陣とすれば、第二陣が続きます。朝廷勢力が幕府を打倒しようと挙兵した、「承久《じょうきゅう》の乱」の後です。乱を鎮圧したあと、幕府は前にも増して、西国へ多くの東国武士を送り込んでいくこととなります。

荘園　※( )内は現在のおおよその地域	地頭	出身地
三谷郡十二郷(三次市)	広沢和智氏	武蔵国広沢郷
地毗荘(庄原市北部〜比婆郡西部)	山内首藤氏	相模国山内荘
大田荘(世羅郡世羅町)	三善康信	鎌倉
田総荘(庄原市総領町)	大江時広	下野国長井荘
沼田荘(三原市)	土肥遠平(のち小早川氏)	相模国早河荘

表1　安芸・備後で地頭となった主な東国武士（本補地頭）

後鳥羽上皇、幕府打倒へ（承久の乱）

「承久の乱」とは、鎌倉に武士政権ができたことを苦々しく思う朝廷が、なんとか失地回復をしようと幕府に戦いを挑んだ争乱です。後鳥羽上皇が中心となって動きました。1219（承久元）年、幕府の三代将軍・源実朝《さねとも》が暗殺され、政治の実権は執権（幕府を統括する役職）の北条氏が握りました。後鳥羽上皇はこれを政権内に生じた大きな混乱ととらえ、幕府を打ち倒す絶好の機会とみたのです。

上皇は、1221（承久3）年討幕の兵を挙げました。兵さえ挙げれば、全国の反幕勢力が結集して立ち上がるだろうと読んだのです。しかし、これは全くの思惑違いに終わりました。一方の幕府側ですが、北条政子の「今こそ頼朝へ恩を返すとき、幕府を守れ」の説得が功を奏し、執権・北条義時を中心に団結していきます。そして、幕府側が大勝利したのです。

鎌倉幕府は、武士が初めて打ち立てた政権です。それまでは朝廷や貴族の下働きに甘んじながら、その社会的な地位を引き上げてき

荘園　※( )内は現在のおおよその地域	地頭	出身地
世能荒山荘(広島市安芸区瀬野川町)	阿曽沼氏	上野国阿曽沼
三入荘(広島市安佐北区可部)	熊谷氏	武蔵国熊谷郷
大朝荘(山県郡北広島町)	吉川氏	駿河国入江荘
吉田荘(安芸高田市)	毛利氏	相模国毛利荘
都宇・竹原荘(竹原市)	小早川氏(分家)	沼田荘(元は相模国出身の土肥氏)

表2　安芸・備後で地頭となった主な東国武士（新補地頭）

たのです。そして、ようやく政治的発言力までも手に入れました。それが一挙に奪われるかもしれないという恐怖は、武士たちを団結させ、奮い立たせたのでしょう。

芸備では三次の三吉氏、地毗《じび》荘の山内首藤《やまのうちすどう》氏、都宇《つう》・竹原荘や生口島《いくちじま》荘、大田荘の下級荘官が上皇方に味方しました。乱を鎮圧した幕府は、徹底した処罰を下します。後鳥羽上皇を隠岐《おき》（島根県）に流刑し、上皇方についた貴族や武士の所領を片っ端から没収したのです。その数は全国で約３０００か所に及び、そこへ戦功のあった関東出身の御家人を地頭として送り込みました。この地頭は「新補地頭」と呼んで、源頼朝が第一陣として送り込んだ「本補地頭」と区別しています。こうして、さらに鎌倉幕府の力が芸備地方に浸透していきました。「表2」が、主な新補地頭の一覧です。

一方、守護は国ごとに一人を原則として、地頭と同様、関東の有力御家人が任命されました。そして、安芸国の守護として甲斐国からやってきたのが、武田氏だったのです。ちなみに、守護の権限は次第に拡大され，領国支配を強め、やがて室町時代には守

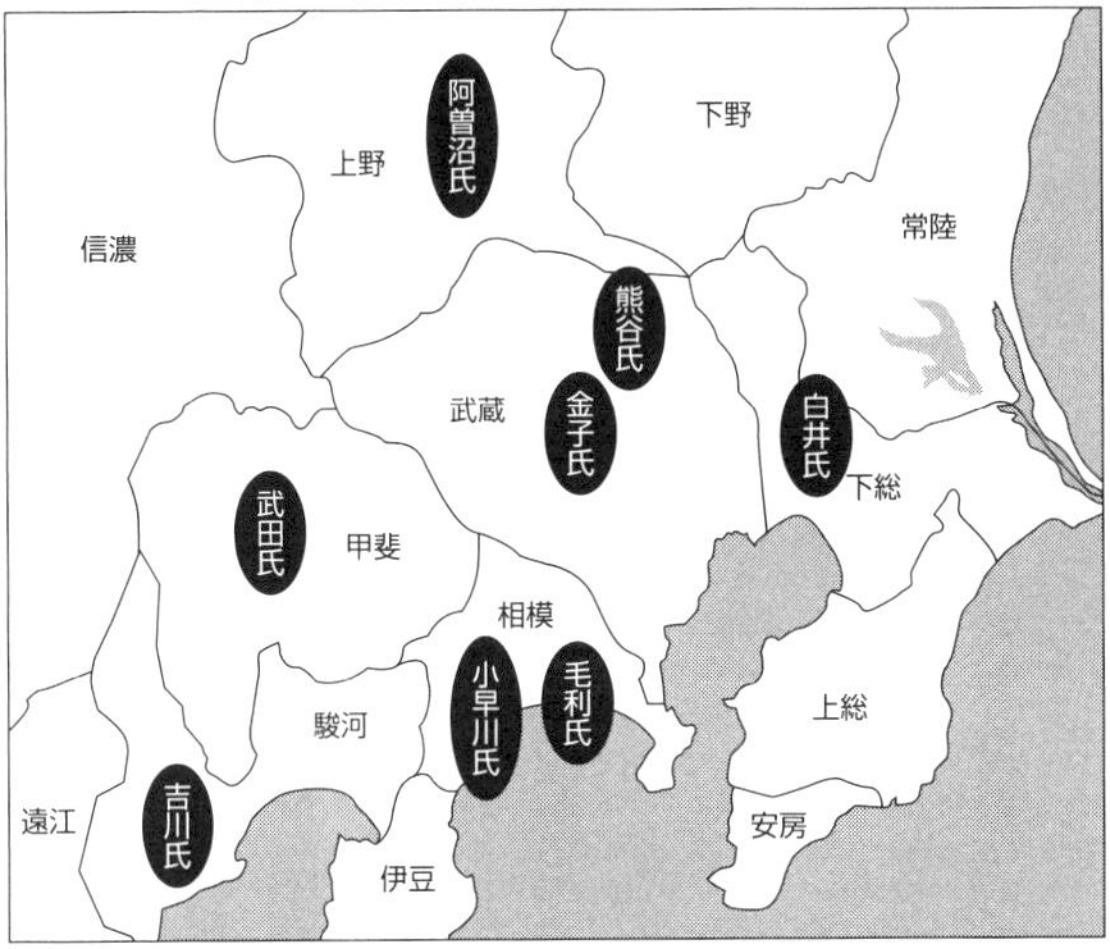

図7　関東出身の主な安芸国武士

護大名へと変わっていくことになります。

「安芸国に東国の武士がやってきた理由は何か」を問いに掲げて歴史をひもといてきましたが、ここでひとまず着地をみました。ところで、毛利氏や吉川氏それに小早川氏などは、中国地方を舞台に華々しく活躍しましたから、地元がルーツだと思い込んでいる人が多いでしょうが、実は彼らも東国からやってきたのです(図7)。

武田氏は広島湾頭に確固たる勢力を築きますが、その勢力を駆逐しようと毛利氏が挑んでいきます。西国支配という共通の命令を与えられ、ともに東国から送られてきた武士集団は、時代の変転によって、今度は食うか食われるかの死闘の関係に変わっていったのです。

四　武田氏、安芸国守護へ

モンゴル軍の来襲

承久の乱の後、安芸国の守護に任命されたのは武田信光です。信光の父・信義は常陸国（茨木県）が出身です。源頼朝が平氏打倒の兵を挙げたとき、ともに挙兵しました。そして鎌倉幕府創設への功を認められて、甲斐国（山梨県）の守護に任命されたのです。ちなみに、戦国時代に活躍した武田信玄は、甲斐武田氏の子孫です。

信光は安芸国の守護に任命されましたが、実際には安芸に赴かず、守護代を置いていました。ですから武田氏と安芸国との関係は、当初そんなに深いものではありませんでした。しかし1274（文永11）年、モンゴル軍（元軍）が来襲した「文永の役」をきっかけに関係が深まっていきます。

来襲時、安芸国の守護は、信光の孫・信時でしたが、この時も守護代を置いていました。その信時に、幕府から命令が下ります。「直ちに安芸国へ行き、そこの武士を率いて防戦に向かえ」という命令です。元軍がすでに壱岐《いき》・対馬《つしま》を攻撃しており、やがて博多付近への上陸をめざす恐れがあったためです。

信時は命令に従って元軍に立ち向かいましたが、このときは、暴風雨が幸いして元軍は撤退していきました。しかし、再度の来襲が予想されたため、幕府は信時に長門（山口県）の警備を命じます。このとき幕府は、地頭御家人だけでなく「本所領家一円地」の住人に対する軍勢催促権を、守護である信時に認めました。地頭御家人は、幕府と主従関係にあり、幕府に命令されればそれに従わなければなりません。戦争へ動員しても何の問題もありません。

しかし「本所領家一円地」とは、幕府の権限が及ばない荘園ですから、そこの住人に動員命令をかけることはできません。しかし幕府は、モンゴル軍来襲という非常事態を乗り切るため、動員できる権限を守護に認めたのです。例外的な措置でしたが、このことが、以降守護の権限がなし崩し的に広がることに繋がり、守護の荘園侵略を容易にしていきます。

安芸武田氏もこの例外的な権限を都合よく使い、勢力を拡大していきました。本来任地の治安管理だけを任されたはずでしたが、次第に任地を自分のものにしていく領国化を推し進めていったのです。

１２８１（弘安４）年、元軍が再び来襲しましたが、このときも撃退することができました。しかし、またいつ来襲するかもしれないため西国の緊張は続き、武田氏もしばらくは現地にとどまって警戒体制を取り続けました。こうして、武田氏はモンゴル軍来襲を契機に、安芸国の主だった武士集団との関係を深め、次第に武田氏配下に組み込んでいきました。そして、広島湾頭の政治支配へと繋がっていくことになったのです。

武田氏、安芸国へ移住

鎌倉末期に至り、武田信時の孫・信宗《のぶむね》は安芸国に移住する決断をします。そのとき本拠を構える土地として、祇園に白羽の矢を立てました。そして背後にそびえる武田山（約410m）に、堅固な銀山城《かなやま》を築きました（図8）。

「銀山城」は「金山城」とも書かれますが、近年は「銀山城」の使用が多くなっています。なお築城したのは、通説では信宗だといわれていますが、確証はありません。ほかに、佐東郡地頭として活動していた武田泰継、もしくはその一族が築城した可能性も考えられています。

銀山城は400mを超す高さに築かれ、山頂からは祇園がある佐東郡はもちろん、遠くは瀬戸内海の島々まで、手に取るように見渡すことができます。湾岸の動静を一望するには、絶好のポイントだったということがうなずけます。

山頂には「御守岩台」と呼ばれる、巨岩がたち並ぶ所がありますが、ここを中心に北東から南西に尾根が伸び、それに沿って城郭が設けられました。銀山城全体では50近くの廓や堀切石垣などが確認されていますが、これは山全体が要塞化されていたことを物語っています。大手正門は安古市に向けて、また搦手《からめて》と呼ばれる裏門は沼田町伴側に向いて据えられました。

さて南麓から登っていくと、中腹に〝馬返し〟があります。ここまでは荷物を馬で運び、あとは人夫が運んだのです。ここからは急坂になり、御門跡を越えると千畳敷です。千畳敷には、矢に使う竹が群生していました。さらに登ると、頂《いただき》の「御守岩台」にたどり着きます。ここから北東側には城内最大の殿舎がありました。

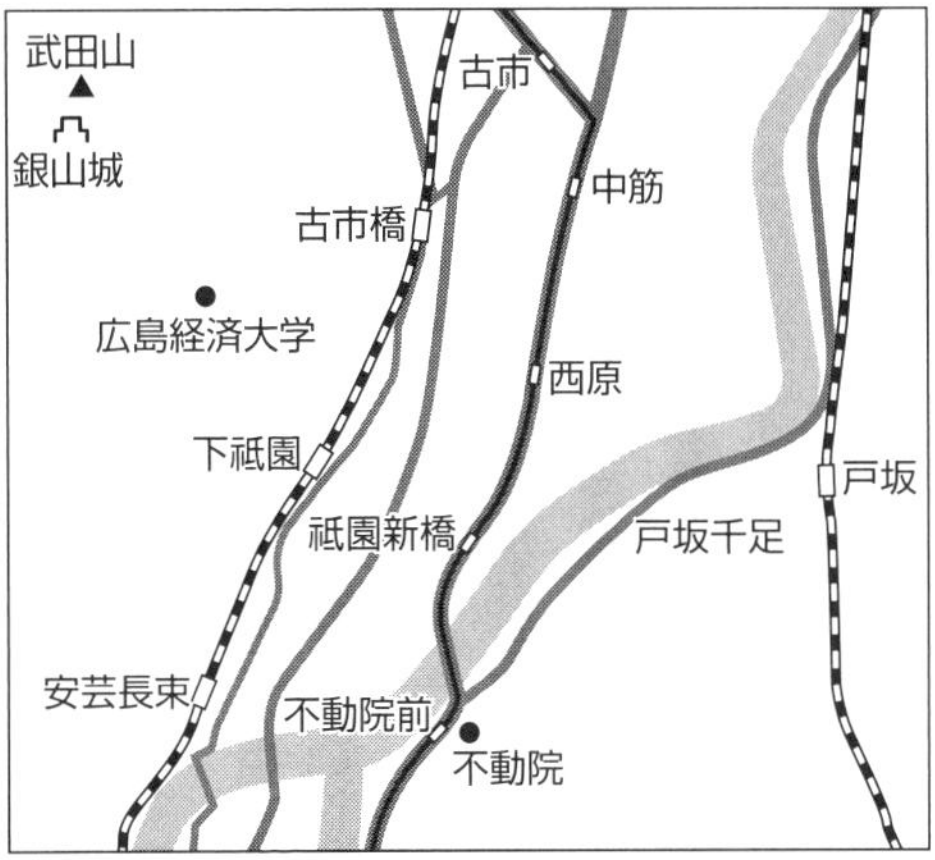

図8　銀山城とその周辺

　山頂から西へ下ると観音堂があり、ここには井戸や庭園があったとみられています。ここからの南麓には、武田氏の始祖といわれる新羅三郎義光を祀る、新羅神社があります。さらに日枝神社、光見寺、仏護寺が並びます。これらは皆、甲斐国から勧《かん》請《じょう》されたと伝えられています。「勧請」とは、神仏をほかの場所に移し、祀ることです。

武田山の南麓は、城下町として整備され、町中には守護所と呼ばれる役所が置かれました。佐東八日市、古市などの市も立ちました。また、倉敷地は相変わらずの活況を見せていました。倉敷の権益と太田川を往来する川船の通行税をめぐり、佐東郡地頭の武田泰継と三入荘地頭の熊谷頼直が争ったとの記録が残っていますが、それだけ利権のうまみがあったということです。

太田川流域を領国化

武田氏は、信光が安芸国守護に任命された鎌倉時代から戦国時代に滅ぼされるまで、ほぼ一貫して、安芸国守護職の地位にありました。「ほぼ一貫して」と断ったのは、政権の都合で、一時的には守護職が武田氏から替わったときもあったからです。九州探題の今川貞世（了俊）などがその例です。武田氏の政治基盤は、太田川流域一帯でした。そこを領有している武将たちを取り込み、家臣団に編成していくことで、領国を拡大し支配力を強めたのです。その契機になったのが、モンゴル軍来襲であったことは先にふれました。家臣団に組み込んだのは、鎌倉時代以来の地頭であった熊谷氏・山中氏（両氏とも広島市安佐北区可部）、香川氏（広島市安佐南区八木）、壬生《みぶ》氏・今田氏（両氏とも山県郡北広島町）、温科《ぬくしな》氏（広島市東区温品）や戸坂氏（広島市東区戸坂）、などです。

また、太田川河口近くには〝川《かわ》の内衆《うちしゅう》〟と呼ばれる山県氏・福島氏・福井氏など水軍の将がいましたが、それらも配下に組み込み、武田氏旗下の有力な水軍に育てていきました。さらに、広島湾東部を制海していた白井水軍も配下に置き、太田川流域から広島湾まで勢力をのばしたのです（図9）。しかし、それ以上の領土拡大は望めませんでした。安芸国の北部には毛利氏・吉川氏、西部には嚴島神主家、東部には小早川氏・平賀氏のような有力武士団がいたからです。ただし、太田川流域から広島湾頭にかけての一帯だけは、他国に手を出させることはなく、強固に守り抜きました。

図9　武田氏支配下の主な武将

ところが、その領域が脅かされる懸念が出てきました。広島湾頭から50㎞内陸に入った吉田の毛利氏が湾頭へ進出しようと画策を始めたからです。１５２５年頃のことでした。

府中

ところで、広島城下町が建設される以前、広島湾頭で賑わっていた町として祇園をあげましたが、それ以外に、賑わいの町はなかったのでしょうか。あります。広島湾の東部、海辺にあった「府中」という町です（図10）。古代山陽道の沿線の町で、駅家が置かれた所です。府中は温品川(府中大川)下流にできた町で、この周辺では多くの遺跡が発見され、太古より人々が住み着いたことが分かっています。

北方にある「呉娑々宇山《ごさそう》」（６８２ｍ）と畑賀に近い「笹ヶ峠」の高所からは、貝塚が発見されています。このことから、かつては海が山の懐まで入り込んでいたことが推測されます。駅家が置かれたのは、陸上交通と水上交通が交わる要衝だったことも理由でしょう。「呉娑々宇山」は、古くは「御山荘山」と書かれ、国の役人(国司)の山荘があったと伝えられています。

また、弘法大師が開基したと伝えられる道隆寺付近からは天平期（７２９～７４９年）の軒瓦が出土し、下岡田遺跡が奈良後期ないし平安初期の官衙《かんが》（役所、官庁）跡とみられることなどから、少なくとも平安時代には、この地に安芸国府があったことを裏付ける証拠とされています。

平安時代後期、府中に進出したとされる田所氏は土地の豪族でしたが、国府の在庁官人《ざいちょうかんにん》に採用され、実権を握りました。しかし、南北朝の内乱で南朝方に属したため衰退していきます。代わって府中を支配したのは、下総国（千葉県）から移ってきた、関東武士の白井氏でした。出張《でばり》城を拠点とした白井氏は、祇園を本拠にする守護・武田氏の配下に入り、府中に勢力を伸ばしていったのです。鎌倉時代後期の頃でした。

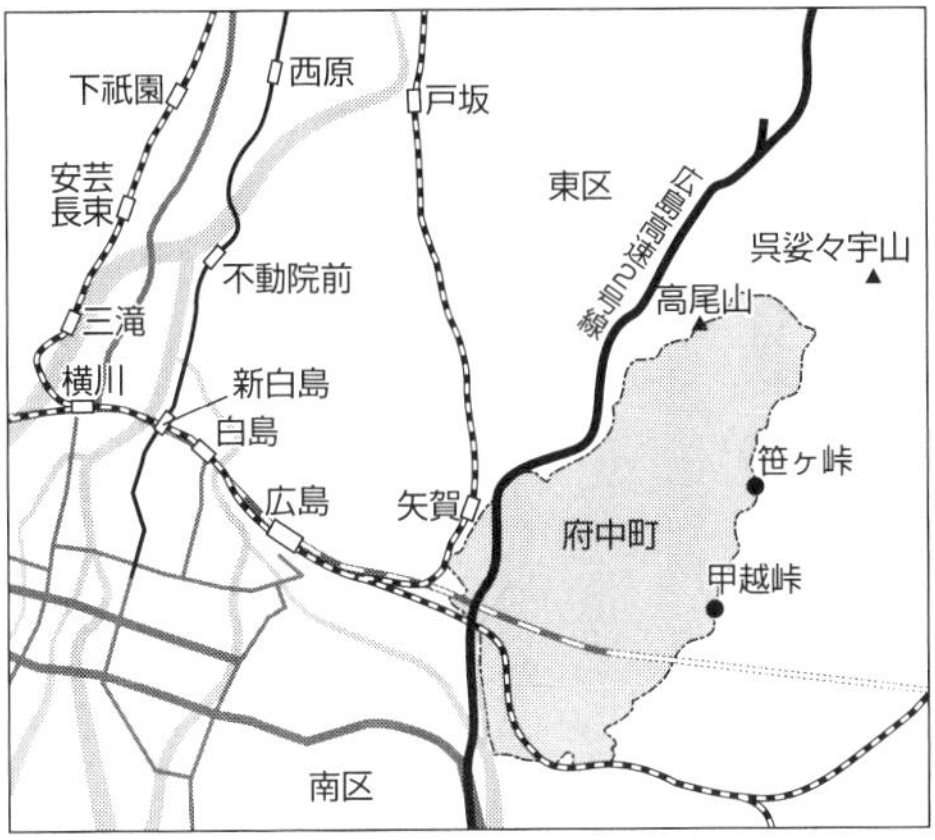

図10　府中と祇園の位置関係

祇園と府中のどちらがより賑わっていたのかはよく分かりませんが、私は祇園の方ではないかと考えています。祇園の強みは、何といっても大河である太田川に臨んでいたことでしょう。内陸部からは大量の農産品や木材、それに炭などが運び出されてきたはずです。時代は商品経済に移っていきました。祇園に集まる産品が、商業的な富をこの地にもたらしたのは間違いないと思われます。

コラム3

安芸国の国府論争

古代、安芸国の国府がどこにあったのかについては、二つの町をめぐって論争があります。一つは「府中」にあったとする説ですが、もう一つが「東広島市西条」説です。

西条説の根拠は、西条盆地から国分寺跡が発見されたことです。国分寺は国府のそばにあるのが普通だからです。また、当初は西条にあったのが、その後平安時代に府中に移されたという説もあり、これが妥当と考えられています。

第三章　毛利氏、広島へ

一　毛利氏、広島湾へ進出

毛利氏のルーツ

武田氏の牙城であった広島湾頭へ進出を企てたのは、毛利家12代目の当主、毛利元就です。毛利氏が東国出身であったことは先にふれましたが、そのルーツについて少し探ってみましょう。

鎌倉幕府が創建されたとき、それに参画したのが大江広元です。広元の四男に季光《すえみつ》がおり、本拠地（本貫地）にしていたのは、相模国（神奈川県）の毛利荘です。この地名の「毛利」を姓にしたのが季光で、このとき「毛利氏」は生まれたのです（図7〈P45〉）。

広元は、源頼朝から幕府の統治組織の一つである公文所（行政府）の別当（長官）に任命されました。そして、諸国の国衙・荘園ごとに守護・地頭を配置し、地方を統治する制度を頼朝に進言し、その制度が採用されます。初めて政権を手にした頼朝にとって、鎌倉幕府の政策・命令を地方に周知徹底させる手段として、守護・地頭は欠かせないものだったからです。これが評価された広元は、その功績として相模毛利荘を給与地として与えられました。これを季光が譲り受けたのです。毛利荘は、相模国中央を南流する相模川中流西岸（厚木市）にあり、屋敷は支流の小鮎川をさかのぼった山間にありました。

「承久の乱」で季光は、20歳の若さで京都進撃の関東軍に加わり、北条泰時・時房に次ぐ武将として武勲を立てました。この功績が認められ、幕府から安芸国吉田荘の地頭職を与えられます。この時から毛利氏は、吉田と縁を持つことになりました。吉田荘には一族を派遣して支配していましたが、南北朝時代が始まった1336（建武3）年、季光の孫・時親《ときちか》は、曽孫《ひまご》・元春までの四代全てを引き連れて吉田荘に移住しました。譜代家臣の多くも随従したとみられています。

時親はなぜ、こんな大掛かりな移住を決断したのでしょう。それは、中央政治の激動から離れることで、一族の存続を図りたいとの判断が働いたからだと思われます。武士による鎌倉幕府が倒れると（1333年）、変わって天皇が自ら政治を行う建武政府ができます。しかし、この政府は足利尊氏の離反にあって、わずか2年ほどで崩壊しました。その後は南北朝時代です。二つの政府が並び立って主導権を争うという、落ち着きのない不安定極まりない時代になりました。鎌倉幕府ができてから南北朝時代が終わるまで、日本はまさに政治の混乱のさなかにあったといえます。当時の人々は、どれほど嫌気がさしていたことでしょう。

時親も、同じような心境にあったのではないかと思われます。時親が一族の力を結集する場所として選んだのが吉田盆地でした。なぜでしょう。それは、山間部にあっても川の流れによって、山陰・山陽と容易につながることができると考えたからです。河川交通が利用できるのです。山陰地方へは「江の川」が流れています。また、山陽地方へは「三田川」から本流の「太田川」を経由して、瀬戸内海へと容易に南下できたのです。瀬戸内海と容易に往来できる交通の便は、大きな魅力を秘めていました。鎌倉時代の中ごろから中国（宋ついで元）との貿易が刺激となって、内海沿いの経済活動は、東国をはるかにしのいで活況を帯びてきていたのです。

時親は吉田に移住してわずか5年後に死没しましたが、子孫は時親を毛利氏発展の始祖として敬意を払うようになります。吉田荘は元々京都祇園社の荘園でしたが、鎌倉時代末期に幕府の管理地になり、その北半分が毛利氏に与えられました。

その後南北朝時代の動乱が終息する頃（14世紀末）には、吉田盆地一円が毛利氏の支配下に入りました。そして戦国時代の初頭には、安芸国でも有力な国人領主に成長していったのです。しかし吉田の地は、北は尼子氏、南に大内氏と二つの大国に挟まれた中間地帯にあったため、毛利氏の立場は心細いものでした。生き延びるためには、今日は北に明日は南にと、顔色をうかがいながら浮動しなければならない運命にあったのです。

　このような不安定な状況に置かれた毛利氏にあって、棟梁に推され難しいかじ取りを任されたのが元就でした。次男坊の彼が後を継いだのは、兄・興元が酒害のため24歳で早死にし、その嫡男・幸松丸も9歳で亡くなったからです。当時毛利氏は尼子氏の配下に甘んじていましたから、尼子一族から相続者をもらい受けようとの意見もありました。しかしそれには反発する家臣もいて、結局尼子氏の黙認をうける形で、元就を当主に据えたのです。

　元就は27歳で郡山城《こおりやま》（安芸高田市吉田町）に入り、宗家を継ぎました。中国制覇へ向かう元就の第一歩がこのときスタートしたのです。１５２３（大永３）年８月のことでした。

元就、大内氏陣営へ

　それからわずか2年後の１５２５（大永５）年、元就は尼子氏から袂《たもと》を分かち、大内氏の陣営に帰属する決断をします。それは、元就が家督を相続する際、それを阻もうとする陰謀があり、その背後に尼子氏のトップ、経久《つねひさ》がいたことを知ったからです。経久は、元就に強い警戒心を抱いていました。元就が、戦国武将としての優れた資質を持っていると見抜いていたからだと考えられます。敵に回したら怖いと、恐れていたのかもしれません。

　元就の経久への不信は、尼子氏から離反する原因の一つにはなりました。しかし、それ以上に元就を動かしたのは、内海を通じて大きく飛躍したいという思いからではないでしょうか。そのためには、大内陣営に入った方が戦略的に良いと判断したのです。元就は大内陣営へ帰属する条件として、領土を要求します。広島湾頭へ南下できる土地で、可部、深川上下、温科（温品）、久村《くむら》（玖村）、合わせて１３７０貫です。

元就が要求した土地は、以前は大内氏が領有していましたが、当時は尼子氏を後ろ盾とした武田氏が支配していました。ですから、元就が「戦いで奪い取るなら与える」というのが大内氏の答えでした。実質の伴わない口約束ともいえます。実際のところ、元就が土地を手にすることができたのは、武田氏を破った１５４０（天文９）年のことです。実に15年も後のことでした。

元就は大内氏の陣営に帰属はしましたが、しばらくは尼子氏につかず離れずの態度をとっていました。尼子氏の顔色もうかがわなければ、生き延びていけなかったのです。しかし、そうした不安定な状況にありながらも、元就は周りの国人領主たちを味方に取り込み、地盤を固めることに余念はありませんでした。

こうした折、尼子氏内部で、親子間の内紛が起こります。経久のやり方に不満を持つ三男・興久《おきひさ》が反乱を起こしたのです。お家騒動を抱えた尼子氏は、外に向かって進出するどころではなくなりました。元就にとっては好機です。芸備の国人領主を次々と支配下に収めていきました。

尼子氏のお家騒動は、興久が自刃して結末を迎えます。その後尼子氏は態勢を立て直し、これまでの失地を取り返そうと、芸備両国へ大挙して南下を始めました。1537（天文6）年、経久に代わって、孫の晴久《はるひさ》が当主に座ると、晴久は勢力拡大へ野心を燃やし、芸備への南下を強めていきます。元就は、郡山城が攻撃されるかもしれないと不安を抱き、そんな事態になったとき、後ろ盾の大内氏がはたして毛利を守ってくれるのかどうか憂慮しました。その結果元就は、毛利氏が大内氏の陣営であることを明確に示す決断を下します。人質として、15歳になっていた嫡男・隆元《たかもと》を、大内氏のお膝元、山口に送り出したのです。尼子氏にとっては面目を潰されたような恰好ですから、面白くありませんし、さらに毛利氏が大内氏の武力を背景に戦闘力を増すことも気がかりでした。その頃、尼子氏が毛利氏に対抗する勢力として位置付けていた、武田氏の勢力が下り坂にあったからです。

そのきっかけとなったのは、有田城（山県郡北広島町有田）を巡る戦いで、武田氏が毛利氏に敗れたことでした。戦では、武田氏の総帥・元繁が戦死し、忠節をつくして最後まで奮戦した高松城（広島市安佐北区可部）の城主・熊谷元直も戦死しました。熊谷氏は南北朝時代以来、武田氏を支えてきた有力な国人です。武田氏にとって、当主の元繁や元直の死は大きな衝撃でした。しかし、さらに大きな衝撃が走ります。

その熊谷氏が、元就の凋落によって離反し、大内方に走ったのです。武田氏の勢力は傾いていくように見えましたが、元繁の後を継いだ光和は、広島湾頭に攻め入ってくる大内軍との攻防戦をしのぎ、なんとか勢力を保持します。しかしその光和が、1540年嫡子のないまま死去しました。家臣の間で、跡目問題や毛利氏など周辺の国人への対応をめぐって、意見が対立し、戦闘にまで及ぶ事態となります。

それをみた尼子氏は、若狭国（福井県）の武田氏に頼んで、当主・元光の子、信実《のぶざね》をもらいうけ当主に据えました。こうして武田氏の体制を一応整えた尼子晴久は、大内氏に侵略された安芸国での失地回復をめざして、南下の出陣を急ぎます。攻撃の照準に当てたのは、いうまでもなく大内氏への帰属を明確にした毛利氏の郡山城でした。

尼子氏に勝利（郡山合戦）

1540年8月、3万ともいわれる大軍を率いて月山富田城《がっさんとだ》（島根県安来市）を出発した尼子晴久は、同年9月、郡山城を攻囲しました（図11）。一方、郡山城の毛利軍はゲリラ的な奇襲戦法で応戦し、大内氏の援軍を待つ作戦をとりました。援軍が到着したのは12月、陶隆房《すえたかふさ》（のち晴賢《はるかた》に改名）の軍勢です。戦は翌年1月まで数次に及びましたが、勝負はつきませんでした。

そして1541（天文10）年1月13日、尼子軍は総攻撃をかけますが、指揮官の尼子久幸が戦死し、そのまま雪の山中を撤退していきました。指揮官の死に加えて、これまでの戦で戦死者の続出にもかかわらず、戦果が上がらないまま冬を迎えたこともあり、将兵の意気が消沈したと考えられます。また、戦場に近づいてくる大内軍本体との対決に勝算を見い出せず、さらには、兵の胃袋をまかなう食料調達や武器の調達など、本国を遠く離れた所で戦う兵站《へいたん》の困難さもあったと思われます。

尼子氏は、大兵力をもってすれば弱小の毛利氏の城など、短時間で落とせると侮っていたのかもしれません。それが油断となり、兵站を疎《おろそ》かにしたとも考えられます。

図11　尼子氏による郡山城侵攻

武田氏の滅亡

ところで郡山合戦で、武田氏はどのような行動をとったのでしょう。河村昭一氏は『安芸武田氏』の中で、次のことを記しています。
「武田信実は、吉田盆地で激戦の続いている十一月、尼子軍に呼応して兵を般若谷まで進めた（『閥閲録』十五―一）。（中略）この合戦では、国司元相らの毛利軍に敗れたようである（『閥閲録』十五―二）」。また、「『陰徳太平記』によると、天文十年正月十三日の尼子軍の敗走を聞いた武田信実は、その日の夜、大雪に紛れて、尼子氏から派遣されていた牛尾幸清と共に金山城を忍び出て出雲に逃れたという」（河村昭一『安芸武田氏』、戎光祥出版株式会社、２０１０年）
城主が逃亡した銀山城（金山城）には、武田信重をはじめ、家臣や城兵らが籠っていました。大内方は、武田氏の旧家臣で大内側へ寝返った香川光景を差し向け、降伏を勧めましたが、結局応じず、籠城を続けたといいます。そして5月、大内氏の命を受けた元就軍が押し寄せます。信重ら残った家臣や城兵は抗戦しますが、落城。信重は自害しました。なお、出雲へ逃亡した武田信実の生死は分からないようです。歴史家は、この時点で安芸武田氏は歴史上からその姿を消したとしています。
安芸武田氏は滅亡しましたが、一人の有能な外交僧を世に送り出しました。禅宗の僧侶である、安国寺恵瓊《えけい》です。恵瓊は毛利氏の外交僧として活躍しましたが、次第に豊臣秀吉の信頼も得ていきます。両者から信頼を得た恵瓊は、敵対していた毛利氏と豊臣氏を講和させ、協調の関係に変えました。

写真５　不動院（左）と不動院側から臨む武田山

このときもし毛利氏が講和を拒否して軍事対決していたら、どうなっていたのかという歴史の仮定話もありますが、現実には、毛利氏は滅亡の危機を回避し、発展への道を進むことができました。一方、秀吉は毛利氏から強力な軍事協力を得ることができたおかげで、天下統一への戦いを順調に進め、全国制覇を成し遂げることができたのです。

安国寺恵瓊

銀山城が落城したとき、恵瓊は4、5歳ほどの幼童でした（生まれは不詳）。父については、武田信実という説と武田光和の甥・武田信重だとの説がありますが、真相は分かっていません。城を脱出した恵瓊は、太田川対岸にある安芸・安国寺にかくまわれます。現在の不動院です（写真5、図8〈P49〉）。

安国寺は、足利尊氏・直義兄弟が戦場で倒れた敵味方いっさいの亡魂を弔うため、全国六十余りの国々に設立したものです。安芸国では、平安時代に創建されたと伝えられる太田川沿いの古寺が安国寺に指定され、禅宗寺院になりました。この後14世紀の末には、京都五山の一つである臨済宗東福寺の末寺として「景陽山安国寺」と称し、武田氏から手篤い保護を受けてきました。この寺で恵瓊は仏道修行に打ち込み、成長していったのです。

それから12年の歳月が流れた1553（天文22）年の春、恵瓊は生涯の師となる、竺雲恵心《じくうんえしん》にめぐり合います。このとき恵心は32歳、恵瓊は16歳頃でしたが、恵心は恵瓊を一目見て、その器量を見抜いたといいます。その後、恵心は東福寺の住持に推され、毛利氏の外交に奔走するようになります。恵瓊は、この恵心のもとで修業を積みながら、外交を学んだのです。

恵心が引退した後、恵瓊は毛利氏の外交を任され、手腕を発揮していきます。最大の舞台は、織田信長配下の秀吉軍と毛利軍が対峙した備中高松城（岡山市北区高松）でしょう。講和交渉で恵瓊は、毛利首脳が断固反対していた、城主・清水宗治《むねはる》の切腹という秀吉側の条件を、独断で受け容れます。ひとり宗治に会い、切腹させたのです。これによって講和は成り、軍事対決は回避されました。

この後恵瓊は関ヶ原の戦いで敗者となり、刑死させられます。そのため恵瓊が住持をつとめていた安国寺は、住持不在となりました。毛利氏が広島を去ったあと福島正則が入国しますが、正則は祈祷師・宥珍《ゆうちん》を安国寺に入れ、寺も真言宗に変わりました。宥珍は不動明王を奉じていたので、安国寺は不動院と呼ばれるようになったのです。

元就、広島湾頭に所領

郡山合戦で尼子氏の大軍を退却させ、名門武田氏を滅ぼしたことで元就の評価が上がりました。それは敵味方を問わないものでしたから、元就を喜ばせたでしょうが、それ以上に元就に力を与えたのが、湾岸の土地を手にしたことです。

15年前大内氏陣営についたとき、大内氏と交わした口約束がやっと実現されたのです。可部・温品は大内氏の配下に入った武田の旧臣に与えられましたが、緑井・温井・原郷・矢賀・中山の計1000貫は元就に預けられました。また元就の長男・隆元は、人質として山口に滞在させられていたことへの〝ねぎらい〟として大牛田・小牛田合わせて300貫を預けられました。

大内氏から預けられた太田川下流域の土地は、瀬戸内海へ発展していくための橋頭保《きょうとうほ》（足がかり）になる土地ですから、元就の覇権構想は大きく膨らんだものと思われます。また流域を拠点にしていた武田氏の水軍〝川の内衆〟を毛利水軍の中核に据えたことで、戦闘力は大幅に強化されました。

コラム 4

「千足」

銀山城から見下ろす太田川の対岸には「千足《せんぞく》」という地名があり〈図8〈P49〉〉、その由来には面白い話が残されています。毛利元就が、銀山城を攻めた際、太田川に火のついた千足もの草履《ぞうり》を流しました。あたかも大軍の兵が銀山城を攻撃してくるかのように欺く、元就の戦略でした。これが功を奏して城は落ちたという話が伝えられ、「千足」の地名がつけられたといいます。

この話は、史実とは認められていません。しかし千足辺りは山陽道の渡河地であることから、軍事的にも重要な地であったことを反映する伝承だと考えられています。

二　大内氏の崩壊

義隆降ろしの陰謀

大内氏の援軍を得て尼子氏による郡山城攻めを撃退し、さらに念願の広島湾頭の土地の実権を握った毛利氏の前途は、洋々と広がっているかのようでした。しかし、その毛利氏の行く手に不穏な空気が流れます。頼りにしてきた大内氏の内部に、亀裂が走りつつあるとの風聞が漏れ伝わってきたのです。１５４９（天文18）年2月、元就は息子の元春と隆景を伴って山口の大内義隆を表敬訪問しました。内情を確かめるためです。

大内氏は郡山城合戦で尼子軍を敗退させた翌年、その余勢を駆って尼子氏の本拠地、出雲へ遠征軍を送りました（第一次月山富田城の戦い）。しかし、この遠征は失敗に終わります。そもそも進発前の軍議から、家臣間に戦法の対立があったのです。陶隆房の積極論に対し、相良《さがら》武任《たけとう》は慎重論でした。結局、遠征軍は陶氏の力攻めによる積極攻撃を選択し、大敗します。そしてこれを機に、隆房と武任の対立は決定的になりました。なお、このとき共に従軍した元就は、慎重論を唱えたと伝えられています。

出雲遠征に失敗して以来、義隆は戦国の現実から逃避するかのように、文弱で公家的な生活を送るようになります。京都から公卿や芸能人を招いて宴席を開く、ぜいたくな生活です。当初隆房は、このような義隆の生活を容認している武任を批判していましたが、次第に義隆本人への不満へと変わっていきます。

毛利氏一行は5月中旬まで山口に滞在し、情報を収集しましたが、隆房らによるクーデターの動きを、ある程度察知したと考えられます。

家中の結束

「頼りにしてきた大内氏は、今後はあてにならない」。山口から帰った元就は、そのことを痛感します。では、どうすればよいのか。これまではじっくり物事を考え、慎重に行動する元就でしたが、このときは即断即決で行動をとっていきます。

手始めが、次男である吉川元春の養子縁組の強化でした。元春は吉川氏を相続した後も、その領内では暮らしていませんでした。このまま〝客人〟扱いでは、吉川家を完全に掌握することはできません。そのため元就は、信頼できる武将たちを随従させて、元春を大朝新庄にある吉川氏の小倉山城に入城させ、住まわせました。さらに次の手を打ちます。身の毛もよだつような、冷酷な手です。前主の吉川興経《おきつね》が生きている間は、元春の思い通りにならないと考え、興経を殺害したのです。さらにその子・千法師にも手をかけました。血統を断つという非常手段を取ったのです。

元春の件を片付けた翌月、息つく暇もなく、元就は三男・隆景の養子縁組にも強化の手を打ちます。隆景を小早川氏の惣領家（本家）、つまり沼田小早川氏の養嗣子に入れたのです。6年前、大内義隆の強い勧めで竹原小早川氏（分家）に入れるときには遠慮気味でしたが、今回は違います。周囲の思惑などお構いなしに、強引にことを運びました。その狙いが、吉川家と小早川家の双方を完全に掌握して、毛利家の配下に組み込むところにあったのは間違いないでしょう。こうして元就は、吉川氏と小早川氏が両翼から毛利本家を支える、いわゆる〝毛利の両川体制〟の基礎を整えたのです（図12）。

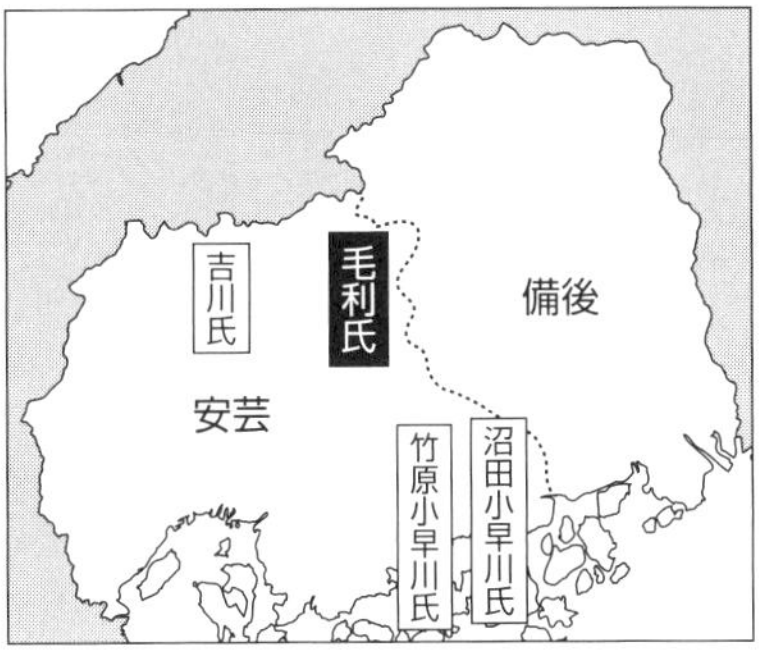

図12　毛利の「両川体制」

次に打った手が、譜代家臣の井上元有父子およびその一族（井上党）を誅殺《ちゅうさつ》したことです。元就は子供時代、父の弘元から譲られた土地を、井上一族に一時横領された苦い経験がありました。それ以来、井上一族へのふるまいには我慢ならないものがあったようです。主人であるはずの元就に対して、まるで対等であるかのように、傲慢で横柄な態度を取り続けたといいます。その背景には、自分たちが弱小の国人であった毛利氏を支え、勢力を伸ばしてきたという自負があったと思われます。しかし、その自負心を表に出して、当主をないがしろにするような態度では困ります。毛利家中の団結を乱すからです。団結の乱れがほころびとして表面に現れたとき、そこは弱点を探している敵にとっては、格好の付け入るすきになります。小さなほころびが、大きな弱点になるのです。

井上一族を抹殺したことは、強力なカンフル剤になりました。毛利家中が一枚岩として結束したのです。これこそ、元就が期待したところでした。陶氏がクーデターを起こすような異常事態が発生した場合、何より大切なことは、毛利氏が一致団結していることだったからです。

元就、クーデターに荷担

1551（天文20）年8月20日初秋の空のもと、広島湾頭の要衝、大内氏の銀山城に、毛利氏の幟《のぼり》がひるがえりました。吉田から出陣してきた毛利氏が、武力占拠したのです。大内政権を覆す陶氏のクーデター計画を、毛利氏が実行に移した瞬間でした。

それから8日後、陶氏がクーデターの軍を出動させます。本拠地である富田《とんだ》の若山城（山口県周南市福川）を発った軍勢は、大内義隆のいる山口へ進軍していきました。元就が陶氏のクーデター計画に本格的に協力するようになったのは、前年の1550年半ばからだとみられています。この年の8月、陶隆房は吉川元春に手紙を送り、クーデターへの協力を依頼しています。

なぜ毛利の当主、元就ではなく、元春だったのでしょう。それは慎重を期したからだと思われます。計画が漏れることがあってはなりません。毛利氏が山口滞在中、隆房と元春は、兄弟の契りを結んだといいます。よほど心が通い合ったのでしょうか。このとき、隆房が義隆へ対するクーデター計画を、元春に打ち明けた可能性も否定できません。

しばらくして隆房は、同じ趣旨の手紙を元就と隆元にも送りました。山陽路の大国、大内氏を乗っ取る計画ですから、毛利氏も慎重な検討を重ねたでしょう。結果、クーデターに協力することを決意したのです。その背景には、山口滞在中に見た、義隆の公家的生活に溺れた軟弱さがあったと考えられます。厳しい戦国時代にあって、これでは頼りにならないと見切りをつけたのです。

毛利氏は、クーデターに協力する条件を陶氏に示しました。大内氏が領有していた土地の配分に関することで、厳島と佐伯郡は陶氏、己斐以東の佐東郡全域は毛利氏が手にするという条件です。陶氏はその条件をのみました。湾頭は、何がなんでも手に入れたいという、元就の執念は貫かれたのです。銀山城を占拠した後、毛利軍は麓に広がる安上下・中州（中須）・山本・長束などを次々と占拠していきました。

一方山口へ攻め込んだ陶勢ですが、9月1日には義隆父子を長門国大寧寺(長門市深川湯本)に追い詰め、義隆を自刃させ、その息子・義尊《よしたか》も殺害しました。当初は義隆を隠退させ、義尊を当主にする計画でしたが、父子ともに殺す方針に変えていたのです。

陶氏が大内家の新たな当主に立てたのは、豊後大友氏に嫁いだ義隆の姉の子・八郎晴英《はるひで》です。晴英は、翌年大内晴英（義長）として大内氏の家督を継ぎましたが、あくまでも陶氏の傀儡《かいらい》政権にすぎませんでした。毛利氏が占拠した土地は、新当主の晴英から安堵《あんど》され(認められ)ました。この時点で、元就は広島湾頭の中心部をほぼ手中に収めるという念願の事業を成し遂げたのです。

なお、銀山城は最初の段階でいとも簡単に手に入れることができましたが、それは義隆が配置していた、城番の福島元長がたやすく内応したからだとされています。しかし銀山城が湾頭の要であることは晴英の新大内氏にとっても同じことですから、元就からただちに接収し、自らの管理下に置きました。

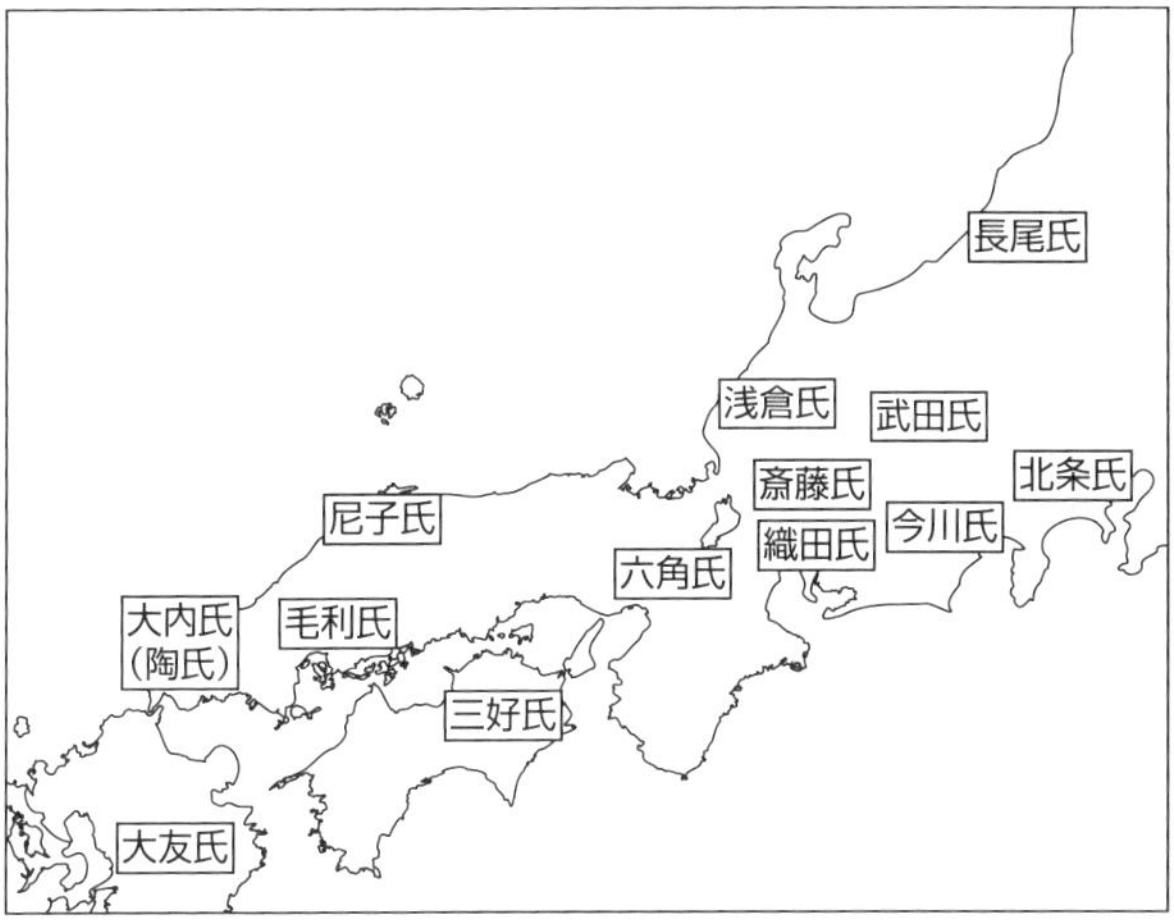

図 13　1553 年頃の主な勢力

輝元誕生とそのライバル

元就は広島湾頭の重要部を手中にし、瀬戸内海への展望は大きく開けました。そうした上げ潮ムードの中、毛利家はめでたい空気に包まれます。１５５３年、元就の長男・隆元に男の子が生まれたのです。元服後は輝元と名のる幸鶴丸の誕生です。直系の孫の誕生に、元就は顔をほころばせて喜んだことでしょう。

ところで、輝元が誕生した同じ年、輝元のライバルになる武将たちは、どんな境遇に置かれていたのでしょうか（図13）。

まずは、徳川家康（松平元康）。関ヶ原で戦う最大のライバルとなり、その後輝元を防長２か国に追い落とした人物です。家康はこの年11歳、駿河・遠江を支配する今川家で人質生活を強いられていました。家康の実家、松平家は弱小のため、今川家に人質を出さなければ生きていけなかったのです。家康が人質に出されたのはわずか6歳、解放されたのは18歳のときでした。解放してくれたのは、尾張の織田信長。信長が「桶狭間《おけはざま》の戦い」（1560年）で今川氏を破ってくれたおかげで、12年間もの長い人質生活を終えることができたのです。

人質生活は家康を鍛えたと考えられます。人の顔色を察する感覚や、身を守る用心深さなどです。家康は天下取りに至る長い道筋で驚異的な粘りをみせますが、これは長い人質生活が育んだ賜物ともいえるでしょう。

次は、尾張の織田信長。この頃は20歳でした。この年、隣国の美濃国を支配していた斎藤道三との間で有名な「聖徳寺会見」を行っています。信長は15歳のとき道三の娘を嫁にしていますから、道三は義理の父（舅）に当たります。

道三は「信長は大うつけ（大ばか者）だ」と世間で噂されていることを耳にしたため、自分の目で確かめようと、信長に会いたいと申し入れたのです。聖徳寺での信長の態度は、礼儀正しく堂々としたものでした。噂とは全く異なる信長に道三は感服し、そしてその卓越した力量を一目で見抜きました。道三は若いころ油売りをしながら、全国を回ったといわれています。欲得が交錯する商いを通じて鍛えられた、人を見る目は確かだったのでしょう。

豊臣秀吉はどうだったでしょうか。秀吉は信長の下で頭角を現し、才覚一つで天下人に昇りますが、この年には全くの無名です。5年後に、木下藤吉郎の名前でようやく信長の下働きを始めたにすぎません。ちなみに、甲斐（山梨県）の武田晴信（信玄）と越後（新潟県）の長尾景虎（上杉謙信）が、信濃（長野県）の川中島で初めて対決したのがこの年でした。

三　毛利氏、陶氏を打倒

吉見正頼、陶氏へ反旗

毛利輝元が生まれた同じ年（1553年）の10月、石見国《いわみのくに》（島根県）の津和野で戦が始まりました。大内氏の家臣だった三本松城（鹿足郡津和野町）の吉見正頼が、陶晴賢（隆房）打倒の反旗を翻したのです。

正頼は大内義隆の姉婿に当たり、義隆を討った晴賢の討伐を実行に移しました。晴賢はただちに軍勢を差し向け、城を包囲します。この頃毛利家では、「直系の孫も生まれ、お家も安泰」

と、喜びにひたっていました。そこへ衝撃の便りが飛び込んできたのです。「晴賢打倒のために、協力してほしい」との正頼の依頼です。翌年早々、今度は晴賢が、盟約に従って元就に参陣してほしいと要請してきました。毛利氏は吉見氏、陶氏の両方から援軍を求められることになったのです。

さてどうすればよいのか、元就は難しい判断を迫られます。吉見氏に援軍を送ることもできます。そうすれば新大内氏（陶氏）への服従関係を断ち切って、自立への道が開けるかもしれません。しかし大内氏の傘下から離れたと知るや、背後の尼子氏が毛利氏を潰しにくることは目に見えています。裏切られた大内氏も、黙ってはいないでしょう。どのような判断を下すべきか、元就と三人の息子たち、そして年寄り衆らは4か月にわたって熟議を重ねました。毛利氏の存亡がかかっていただけに、苦慮したのです。

毛利氏が動かないことに晴賢はいらだち、裏工作を始めます。天野氏、平賀氏、阿曽沼氏ら安芸国人領主を味方に引き込むため、調略しようとしたのです。これを知った元就は、陣営を分断しようとする晴賢のやり口に耐えかね、陶氏と戦うことを決断します。

しかし、兵を差し向けたのは津和野ではありませんでした。広島湾頭に点在する、陶氏配下の城です（図14）。津和野で陶氏と直接戦を交えるよりは、まず足元の陶勢力を駆逐した方が得策だと判断したのです。１５５４（天文23）年5月、吉田郡山城から出撃した毛利勢は、一日のうちに銀山城・己斐城（平原城、広島市西区己斐上）・草津城（広島市西区田方）・桜尾城（廿日市市桜尾本町）の四城を落城させます。さらに大野瀬戸を渡って、厳島まで占拠しました。

　四城はいずれも手薄でした。陶氏の命令で、将兵が津和野の戦場に駆り出されていたからです。元就はこの間隙《かんげき》を突いたのです。攻略した城は、全て要衝の地にあります。このため元就は、手に入れた城に、信頼できる武将を城番として入れました。

図14　毛利元就、広島湾岸を攻略・位置関係図

　草津は、良好な港湾を抱えています。古くから交易の港として、また軍事的には停泊の基地として重視されてきました。このため草津城には、毛利水軍を統率する児玉就方《こだまなりかた》を配置しました。廿日市の桜尾城には、信頼の厚い譜代の桂元澄を入れました。廿日市は山陽道の流通経済の市場町として、また瀬戸を挟む厳島神社の門前町として賑わってきた所です。

　一方、広島湾の東部の拠点、仁保島（広島

市南区黄金山町）へも兵を向け、頂上の仁保城を攻略します。このとき城主の白井氏は、陶氏の命令に従い、有力な警固衆として出動中でした。その留守を狙って、毛利軍は城を乗っ取ったのです。城には香川光景と牛田の東林坊を入れ、交替で守らせることにしました。光景は武田氏の旧家臣であり、水軍大将として太田川の海運を支配していました。光景が銀山城で武田の籠城兵に降伏を勧めたことは、先にふれました。東林坊は、一向宗の僧侶です。安芸門徒を支配下に置く川の内警固衆で、多くの警固船を所有していました。このような水軍の強者を配置して、広島湾東部の領有にも万全を期したのです。

こうして元就は、広島湾岸の全域を支配下に置きました。陶氏が津和野にくぎ付けになっている間隙をぬっての行動でしたが、元就にとっては、念願の湾頭制覇を成し遂げたことに変わりはありませんでした。湾頭への進出を企てたのは1520年代の半ばでしたが、それから30年、長い歳月をかけた元就の大事業はようやく完成したのです。

陶氏の反撃

三本松城では、城内の兵糧が底を尽き、将兵の士気が低下したことから、1554年秋、吉見正頼は陶氏に講和を求め、陶氏もこれに応じました。そしてすぐさま、配下の武将を安芸攻略に向かわせます。毛利軍が広島湾岸の拠点の城を陥落させたとの報に、いらだっていたのです。陶と毛利の両軍は、廿日市西方の折敷畑《おしきばた》で激突しました（図14〈P79〉）。結果は毛利軍の大勝利に終わり、湾岸の奪還を試みた陶勢は退いていきました。

しかしこれはあくまでも、毛利軍が一時的に難局をしのいだにすぎません。陶氏が大内氏の総力を挙げて戦を挑んでくれば、形成はまたたくまに逆転するのです。戦国時代、土地を完全支配するためには、相手と全面対決して徹底的に打ち破らない限り、自分のものにはなりません。「勝てば官軍」という言葉があります。「勝った者こそが正義であり、権利を主張できる」という意味ですが、それはまさしく戦国時代、唯一の掟でした。

陶氏の滅亡（厳島合戦）

毛利と陶のどちらが官軍になるのか、それを決める全面対決が刻々と迫っていました。陶氏が実権を握る大内氏は、大兵力を擁しています。これに対して劣勢の毛利氏が勝つためには、どうすればよいか。元就は、あらゆる手立てに頭をめぐらせたことでしょう。陰謀、罠、囮《おとり》など、知略と思考の全てをかけて、劣勢を跳ね返し勝利に導くための作戦を練りました。

元就がとった最初の作戦が、囮作戦です。囮に使うのは〝城〟です。陶の大軍を効率よく殲《せん》滅《めつ》するために、まず狭い土地に大軍をおびき寄せ、身動きができない状態に追い込んでから、そこに攻撃をかけるのです。大軍は一気に混乱に陥り、敗退へ向かうはずです。狭い土地におびき寄せる囮が、〝城〟でした。

元就が囮城をつくる場所として選んだのは、厳島です。1555（弘治元年）年春、厳島の北にある宮ノ尾（廿日市市宮島町港町）に、にわか仕立ての宮尾城を築きました（図14〈P79〉）。狙い通り陶軍がおびき寄せられてくるのかどうか、その確証はありません。ただ、厳島は当時貿易航路の重要な港でもあり、また軍事的にも重要な土地でしたから、晴賢がそこを抑えておくため上陸することは充分に考えられました。いずれにしても、元就は陶勢が上陸してくれることをひたすら祈ったことでしょう。

陶の軍勢が、厳島に上陸したのは、9月の下旬です。大鳥居が立つ嚴島神社正面から大元浦へ上陸し、塔の岡に本陣を敷きました。ここには後年、豊臣秀吉の命令で建てられた「千畳閣」がありますが、当時は広場でした。現在、建物は未完成の遺構として保存されています。

陶軍が厳島に上陸したとの知らせで、毛利軍の船団が動き始めます。9月晦日の夕刻、元就・隆元と吉川元春に率いられた本隊は、暴風雨の中、危険を冒して厳島東北岸に位置する包ヶ浦への上陸を目指します。その後は博奕尾《ばくちお》と呼ばれる峠を越え、陶勢の背後に陣取る計画です。

一方、小早川隆景に率いられた別動隊は、厳島の対岸、地御前を出た後、先ずは大野瀬戸を海岸伝いに南下します。そして、宮島が遥か北方に見える海上まで南下したところで反転し、コースを逆戻りして大鳥居の立つ海上を目指します。海上を埋めた陶氏の船団からは、あたかも九州からやって来たかのように見えるというわけです。神社正面に到着した小早川の船団は、陶の船団に「援軍としてやってきた」と声をかけ、将兵たちは何食わぬ顔で上陸を果たしました。この見事に功を奏した援軍への〝なりすまし〟は、夜陰の荒れる海上を利用してのことといいますが、なんともマンガティックな話です。上陸した将兵たちは、塔の岡の坂下に布陣しました。

翌早朝、突撃命令にしたがって、毛利勢は一斉に陶勢に襲いかかりました。陶勢は大混乱に陥ります。狭い土地に密集していたため身動きがとれず、混乱に拍車をかけました。元就の狙いが的中したのです。陶軍は総崩れとなって、西方に敗走していきました。陶晴賢は逃亡をはかりましたが、追い詰められて自刃しました。

厳島合戦に勝利して2年後、元就は大内傀儡政権の当主、義長を自刃させ、防長2か国を領土に組み込みました。山陽路の大国、大内氏を滅亡させたことで、毛利氏の中国制覇が現実に見えてきたのです。

コラム 5

武将の子孫、明治の指導者へ

ここで歴史の面白さをお話しします。広島湾頭への進出作戦で元就に従った武将の子孫は、350年余り経った明治時代、国家のリーダーとして歴史の檜舞台に立ちます。

桜尾城を任された桂元澄の子孫は桂太郎ですが、明治後期、日英同盟から日露戦争へと難しい時代に総理大臣を任され、難局を乗り切りました。また明治維新の立役者、木戸孝允は一時期、桂家の養子になって、桂小五郎と名乗っていました。

草津城を預かった児玉就方の子孫は、児玉源太郎です。彼は明治政府で陸軍大臣を務めた後、内務大臣という要職にまで上りました。日露戦争では大臣職を返上し、満州軍総参謀長として戦地に赴任して指揮を執り、当時最大の軍事国家と恐れられたロシアに勝利したのです。

四　元就、広島湾頭を開発

「佐東」を重視

大内（陶）氏を滅ぼしたことで、元就は腰を据えて広島湾頭の開発・整備ができるようになりました。湾頭の中で、元就が特に執着したのが「佐東」です。祇園を含む、当時の佐東川（太田川）下流域から河口周辺の地です。元就は1546（天文15）年、家督を長男・隆元に譲りましたが、佐東だけは手放そうとしませんでした。佐東こそが、隠居の身になっても、己を支えてくれる力の源泉になると考えていたのでしょう。

元就は自分に従っている直臣に佐東の土地を与え、主従関係を強化しています。また武田氏旧臣にも佐東の土地を与えています。忠誠心を得るためでした。彼らは〝川の内衆〟と呼ばれた水軍の将でしたが、毛利氏時代になると〝佐東衆〟と呼ばれていました。元就は佐東衆の水軍力に大きな期待をかけていましたが、さらに主従関係を強化するため、主だった武将に、元就の「就」の一字を与えています。児玉就方をはじめ、山県就相《なりすけ》や福井就信などです。これら水軍の将に対し、元就は水軍の仕事のほかに別の期待もかけていました。それは広島デルタの干拓です。

広島デルタの干拓

佐東衆は、潮の干満やデルタの地勢に精通しています。元就はその知識に期待をかけました。太田川から運ばれてきた土砂が堆積してできた干潟に堤を築かせ、その内側の土地を知行地（給与地）として与えたのです。佐東衆らは、干潮時に干潟が顔を出す遠浅の海に堤防を築き、排水を行いながら、少しずつ干拓を進めていったと考えられます。このような干拓は、元就以前からも行われていたようですが、湾頭に進出した元就による奨励で、本格化していったと思われます。

干拓が本格的に進められるようになったのは、一つには、支配者が人員を大量に動かせる政治力を持つことができたからですし、もう一つは事業に取り組める、ある程度安定した社会が実現したからです。元就が干拓に力を注げるようになったのも、そうした環境が整ったことを意味しています。干拓も、経験を重ねるうちに技術が向上していきます。こうした元就時代の干拓経験の積み重ねが下地になって、輝元の広島城下町の建設に繋がったと考えられます。

第四章　戦国時代の攻防

一　戦国中央の状況

1557（弘治3）年3月、毛利氏は防長制圧という大事業を成し遂げ、芸備と合わせて4か国を支配する大領主にのし上がりました。毛利氏に対抗する勢力は、北方では山陰の尼子氏です。尼子氏はひと頃の領土拡大が止まったとはいえ、依然、毛利氏の宿敵としてあなどれない存在でした。また西方の九州では豊後（大分県）の大友義鎮《よししげ》が、北九州一帯に勢力を伸ばす興隆途上にあり、この圧迫を跳ね返そうと豪族たちは毛利氏に頼ってきていました。毛利氏は、北は尼子氏、西は大友氏と両面で強国と対峙することになったのですが、この構図は大内氏が滅亡する前と同じだといえます。

一方、中央はどんな政治状況にあったのでしょう。

尾張、織田信長

尾張の織田信長は、まだ織田一族内の主導権争いに追われていました。1557年、信長は弟の信行を清州城に招き、殺害します。信行が信長の直轄地を横領するなど、自らが織田家の相続者であるかのような行動をとったからだとされています。その2年後、信長は家系の主筋に当たる織田信賢《のぶかた》を岩倉城に攻め、降伏させます。これによって尾張一国は、ほぼ信長の命令に従うところとなりました。

このとき信長26歳、尾張の堂々たる青年領主に成長していました。父・信秀を失ってから足掛け8年が流れていましたが、一族内の争いを取り除き、一つにまとめて強い織田家をつくることに要した歳月でした。織田家をまとめることは、尾張の統一につながっていきます。

しかし、尾張すべてが信長の支配下に入ったわけではありません。尾張北端部と西南端、それに知多半島とそのつけ根部分は勢力外でした。周辺国は虎視眈々と、尾張を狙っていたのです。北の斎藤氏（美濃、岐阜県）や東の今川氏です。今川氏は、駿府・遠江（静岡県）、三河（愛知県）の3か国を領有するまでに勢力を拡大した、東海の大国の領主です。

その今川氏の当主・義元が、西へ向けて軍を出動させました。その目的が上洛であったのか、信長の尾張攻撃に限定したものであったのかは、分かっていません。しかし今川氏が動き始めたことは、尾張統一を目前にした信長に大きな衝撃を与えたことは間違いありません。

桶狭間の戦い

義元が大軍を率いて駿府を発ったのは、1560（永禄3）年5月です。上洛を目的と仮定した場合、尾張は進軍の途上にあるため、降伏して義元を領国に容れることもできましたが、信長は敢然と迎え撃つ構えをみせます。しかし、信長軍の兵数は格段に劣勢でした。今川軍の兵数については、『信長公記』の4万5000人や『静岡県史』の2万5000人程度など、さまざまな説があります。一方信長軍ですが、多くて3000人程度と考えるのが妥当だとされています。これだけの兵力差があれば信長に勝ち目はないと思われますが、現実は信長の勝利に終わりました。

勝利した理由の一つに、義元の油断があったと考えられます。前哨戦で、自陣の大高城《おおだかじょう》（名古屋市緑区）を牽制《けんせい》する信長の二つの砦（丸根・鷲津）を比較的簡単に落とすことができたからです。そしてもう一つは、信長が地理に精通していたことでした。こうした条件のもとで、信長の奇襲が成功し、勝利したといわれています。

信長は熱田神宮で必勝祈願をした後、鎌倉往還沿いの善照寺砦に南下します。ここから往還を離れて山中を大きく迂回し、桶狭間で休息している義元本隊を奇襲しました。山中の細長い窪地ですから隊列は伸びきっていて、義元の警護は手薄であったと思われます。いきなりの奇襲を受けて、義元本隊は混乱に陥り総崩れになりました。この奇襲が成功した一番のポイントは、義元本隊の隊列が伸びきる、桶狭間を通る正確な時間を知るところにありました。このため信長は各所に諜報員を放ち、情報の収集に精力を注いだといわれています。ただ、迂回による奇襲ではなく、正面攻撃による正攻法で勝利したという説などもあり、今後のさらなる研究が待たれるところです。

いずれにしても桶狭間の戦いが終わった後、三つの新しい変化が生まれました。一つは今川氏の衰退が始まり、遂には滅亡したことです。また一つは、松平元康（徳川家康）が急速な成長をみせてきたことです。信長によって今川氏から解放された元康は、またたく間に西三河をおさえ、さらに東三河にまで進み、領国の基盤を強固なものにしていきました。さらにもう一つが、いうまでもなく信長の急速な台頭です。これまでは尾張一国の完全掌握に全精力を注いできました。しかし今川氏の脅威を取り除いたことで、外に打って出る余裕が生まれたのです。

信長の外交政策

尾張支配を固めた信長は、勢力拡大に向けて積極的な外交に出ます。桶狭間の戦いの２年後、１５６２（永禄５）年、松平元康と同盟を結び軍事力を強化しました。この同盟は、信長が本能寺で倒れるまで約20年間続きますが、「今日の味方が明日は敵に回る」といった変転の著しい戦国乱世にあっては、極めて珍しいことでした。

１５６４（永禄７）年には、近江（滋賀県）の浅井長政とも友好関係に入ります。さらにその翌年には、武田信玄の子・勝頼に養女を嫁がせます。背後の甲斐・信濃（山梨県・長野県）両国を支配する、武田氏の恐るべき軍事的脅威を取り除くためでした。

二　毛利の両川体制

隆元の急死

信長が外交政策に専念していた頃、毛利氏は九州北部では大友氏と戦い、山陰では出雲の尼子氏と戦う、両面作戦を余儀なくされていました。このため毛利の当主・隆元は、西へ北へと前線の指揮に追われる、多忙な日々を送っていました。その隆元が1563（永禄6）年8月、備後国で急死します。41歳、働き盛りでの死でした。

隆元は九州で大友氏と対峙していましたが、大友氏との間に和議が成立する見込みが立ったことから、7月、吉田郡山城近くの多治比（安芸高田市吉田町）まで帰着します。その後、佐々部（安芸高田市高宮町）の蓮華寺に滞在。郡山城中には入らず、今度は出雲出征のため軍勢を立て直していました。ここで武将の宿所に招かれ饗応を受けたのですが、急病となり数日のうちに死亡したのです。城中に入って休養することをしなかったのは、尼子方への支城攻撃が迫っていたからかもしれません。隆元は多治比まで帰着したとき、嫡子・幸鶴丸をよんで対面していましたが、これが父子の永遠の別れとなりました。死因は、戦いに次ぐ戦いで疲れが重なったものか、あるいは謀殺されたものか、真相は闇の中です。元就は、隆元をもてなした武将が毒殺したのではとの疑いから、後年その武将を殺しています。

隆元を失った元就は、深い悲しみに沈みました。その悲嘆にくれた様子を、小早川隆景は、吉田興禅寺の住職に書き送っています。

「（前略）元就はどうにもならぬやる方なき心境で、このうえは自分も相果て隆元と同じ死の途に同道するのが本望だと申して、『うちふてたる』様態で、元春も自分も昼夜心遣いであった」（河合正治『安芸毛利一族』、株式会社吉川弘文館、2014年）

しかし、いつまでも悲嘆にくれているわけにはいきません。一刻も早く、当主を決めなければならないのです。元就は頭を巡らせます。直系の孫・輝元（幸鶴丸）は、まだ11歳の少年にすぎません。次男の吉川元春か、あるいは三男の小早川隆景のどちらかを立てることも考えました。しかし、二人の間に対立が起きる恐れがありますし、そうなると家中全体の混乱に繋がっていくかもしれません。

元就は、戦国の世を生き延びていくために、〝家の和〟、つまり結束を大切にする武将でした。ですから、孫を立てるのが混乱を避ける最善の策と考え、成長を待つことにします。そして隆元の死から2年後、輝元が13歳になった春、元就は輝元を元服させて、毛利家の当主に立てました。名前の「輝」の字は、室町将軍・足利義輝から一字をもらったものです。輝元は、18歳まで元就の後見を受けて育てられました。

毛利両川体制を強化

輝元を後見する傍ら、元就は「毛利両川体制」の一層の強化に努めます。この体制は元就が防長を制圧して半年後（１５５７年11月）に、隆元・元春・隆景の三子に宛てた教訓状に基づいてつくられた体制でした。毛利本家の隆元を、吉川元春と小早川隆景の二人が両翼となって支えることで、一族の安泰を図るものです。この両川体制を、隆元が亡くなった後は輝元を支える体制にしようと、元就は心を砕いたのです。

体制の強化に元就が傾注したのには、訳がありました。毛利氏は芸備両国に大内氏の防長両国を加え、さらに石見国もほぼ手中にしていましたから、合わせて5か国の太守にいきなりのし上がったという事情がありました。一気に大国となったため、これを統治していくだけの人材が育っていなかったのです。また、軍事組織も統制が効きにくいという欠陥がありました。毛利氏のもとに国人領主の兵が集結して軍隊ができるのですが、それぞれが独立した軍隊であったため、毛利氏の命令や統制が効かないという体制だったのです。

こうした、一気に大国になったことで浮かびあがってきた弱点を解消するため、元就は「両川体制」の強化に努めました。この両川体制下では、統治する地域の分担も固まっていきました。安芸国の山間地で勢力を養ってきた吉川氏は山陰地方を、一方、三原など瀬戸内沿岸を本拠に勢力を伸ばしてきた小早川氏は山陽・瀬戸内海地域を統治することにしたのです。

しかし、この体制がいつも円滑に機能したわけではありません。吉川家にしても小早川家にしても、それぞれは独立した家です。家臣もそれぞれの家に仕えるのが本分ですから、他家の毛利家に仕えるにはどうしても違和感が残ります。ですから吉川家の棟梁・元春と小早川家の隆景は、家臣の意見をまとめ毛利本家の意向に沿うために、相当の苦労をしたと思われます。

元春と隆景自身も、性格や知見、洞察力において大きく違っていたようです。元春は思ったことをすぐに行動に移す、直情径行のタイプだったといわれています。これに対して隆景は、ものごとを冷静に判断し、しっかり洞察した上で行動に入る、冷静沈着のタイプだったと思われます。隆景は、情報が行き交う経済と文化の先進地帯、瀬戸内が持ち場でしたから、判断力や洞察力が磨かれていったのかもしれません。元春と隆景の意見が対立することも、しばしばあったでしょう。こうしたとき、間に立った甥の輝元が、その意見調整に苦労したことは容易に想像できます。

三　信長の上洛

天下布武、そして入洛

1567（永禄10）年8月、織田信長は稲葉山城の斎藤氏を攻略し、美濃を手中にします。

この年の暮れ、信長は家臣宛ての文書に「天下布武」の朱印を初めて使用しました。これは、美濃と尾張の2か国を領国化した自信からでた言葉とされています。この言葉で信長は、何を主張したのでしょう。一つは「武力を以て天下をとる」です。一方、「武士の力で平和な天下をつくる」という解釈もあります。この場合の天下は、信長にとって畿内5か国を意味していました。いずれにしても、天下国家という大きな構想を掲げ、それに邁進《まいしん》していくことを公にしたのです。

信長はすでに、松平（徳川）氏、武田氏、浅井氏などと友好・同盟関係を結んできました。しかし北伊勢（三重県）には、神戸氏や長野氏などの反信長勢力が行く手を阻んでいました。これに対して信長は、家臣の滝川一益《かずます》の兵を向けて降伏させます。上洛の下地がいよいよ整ってきました。

ちょうどこのとき、願ってもないチャンスがやってきました。1568（永禄11）年6月、将軍・足利義輝の弟、義昭の使者が信長のもとにやってきて、義昭の上洛を支援してほしいと依頼したのです。上洛するための大義名分が転がり込んできたのですから、信長にはうってつけの申し出です。伝統や権威をものともせずのし上がってきた信長でしたが、足利将軍家の肩書はありがたいカードだったのです。

京都周辺には六角氏や三好三人衆などがおり、上洛を阻もうとしましたが、信長は武力で制圧し、9月、義昭を担いで念願の入洛を果たしました。

義昭、念願の将軍職へ

上洛した義昭は、信長の朝廷への働きかけによって「征夷大将軍」の位を与えられました。それは義昭にとって、念願がかなった瞬間でしたから、よほど嬉しかったとみえます。信長に感謝しようと、管領職や副将軍の地位を薦めます。しかし、信長は受け入れません。信長にとって、そのような地位は所詮将軍の下働きにしかすぎないもので、魅力を感じなかったのかもしれません。そんなことより、自分の構想に向けた仕事を片付けていきます。その一つが関所の廃止でした。関所は、旅人の往来や、商品の流通にとって妨げになるだけの邪魔者と考えていたのです。

義昭は「希望の土地があれば与える」とも言ってきましたが、これも断りました。ただし、堺（大阪府）、大津・草津（滋賀県）など経済に重要な土地だけは、自分が管理したいと要求しました。信長は自分が描く将来構想に基づいて、明確な判断をしていたのです。

10月、信長が岐阜へ帰るとき、義昭は信長に感謝状を贈りますが「御父　織田弾正忠殿」と記しました。義昭32歳、信長は35歳のときです。わずか3歳年長の、しかも身分の下の者を父と尊称したのです。異常な感じですが、それだけ義昭は信長に信愛の情を抱き、頼りにもしていたことが分かります。

対立していく義昭と信長

将軍の位についた義昭は、当然ながら将軍としての権力を行使しようとします。しかし、信長がこれに待ったをかけました。１５７０（元亀元）年1月、信長は義昭に対して五か条の覚書を承認させ、権力行使を制限したのです。このとき義昭は、自分が信長に操られる傀儡に過ぎないことを思い知らされます。そして次第に信長に不満と憎しみを抱くようになり、ついには信長打倒の包囲網を画策するようになります。

協力を求めたのは、信長と手を切った朝倉氏と浅井氏です。そして延暦寺、石山本願寺の宗教勢力でした。さらに、義昭が最も頼りにしたのが、甲斐の武田信玄です。信玄の娘と信長の嫡子・信忠との婚約は、両家の関係悪化で破棄されていました。

毛利氏の版図拡大

信長が義昭の行動に制限をかける覚書を渡して以降、両者の関係は次第に悪化していきました。ではその頃、毛利氏はどのような状況にあったのでしょう。

１５７１（元亀２）年６月、毛利元就が75年の生涯を閉じました。しかし毛利氏にいささかの陰りも見えませんでした。

１５６５（永禄８）年から行われた尼子氏の本拠、出雲の月山富田城をめぐる戦いで、毛利氏は、翌１５６６（永禄９）年、ついに尼子氏を降伏させます（第二次月山富田城の戦い）。その後、当時の当主、尼子勝久らが再興を図りますが、１５７０年には布部山の戦いで毛利軍に敗れ、勝久は京都へ逃れました。尼子氏の脅威がなくなったのです。また西方では、大友氏との停戦状態が続き、緊張が和らぎます。

１５７２（元亀３）年には、備前大半と美作（岡山県）の一部を領有していた宇喜多直家《うきたなおいえ》が、毛利配下に入ります。そのため、宇喜多氏の影響が及んでいた那波《なば》・坂越《さこし》（いずれも兵庫県）など、播磨の海岸部までが毛利氏の勢力圏に入ったのです。山陰地方でも、伯耆《ほうき》・因幡《いなば》（いずれも鳥取県）を支配下に収めるのは時間の問題かと思えるほど、毛利氏には勢いがありました（図15）。

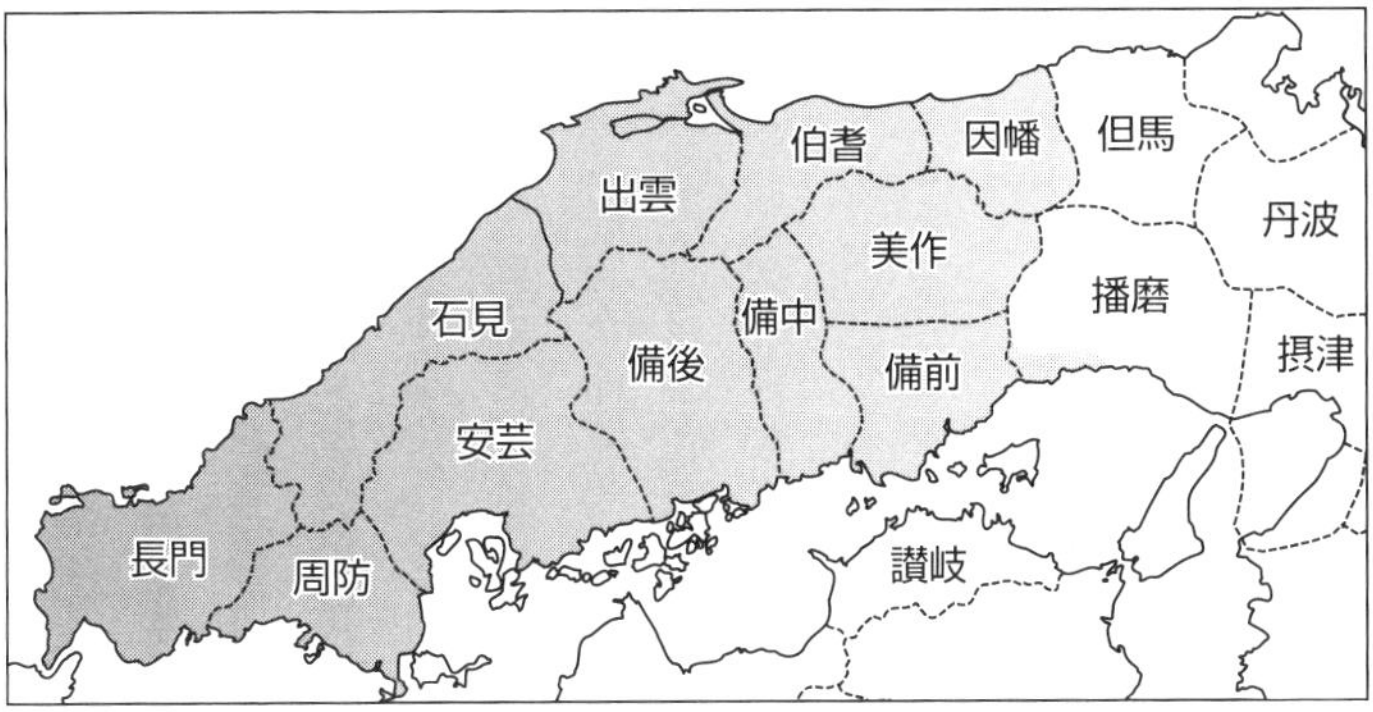

図15　1572年頃の毛利氏勢力圏

四　足利義昭、打倒信長へ

三方ヶ原の戦い

毛利氏が播磨まで勢力を伸ばした1572年の暮れ、東国で軍事衝突が起きました。上洛を決意して西上作戦を開始した甲斐の武田信玄と、その前に立ちはだかったた三河の徳川家康が、遠江（静岡県）の三方ヶ原で激突したのです。信玄は将軍・義昭の打倒信長の呼びかけに応じて、出陣したのです。

信玄は3万の兵を擁していましたが、迎え撃つ家康軍の兵力は、信長の援兵を加えても、その3分の1余りでした。家康は31歳、意気天を衝かんばかりの闘志にあふれていたことでしょう。対する信玄は52歳、百戦練磨の猛将です。

家康は兵数の劣勢を考えて、本拠の浜松城に籠って武田軍を待ち受けることにしました。武田軍は、当初浜松城を目指して進んできましたが、浜松城の手前で急に向きを変え、西の三方ヶ原へ進んでいきました。驚いたのは家康です。当時の戦法として、進軍途上にある敵の城に何らの攻撃もかけないで素通りしていくことなど、考えられなかったからです。家康には屈《くつ》辱《じょく》だったことでしょう。「相手にするほどでもない」と、無視された形になったからです。これは家康を城外へおびきだすための、信玄の挑発であると家康も気づいていたでしょうが、プライドが許さなかったと思われます。目の前を通り過ぎていく敵を、何もせずただ見送ることなど、とてもできなかったのです。

家康は出撃を命じます。武田軍は三方ヶ原の台地の上で待ち受けていました。これに対して家康軍は、攻め上る不利を承知で攻撃を仕掛けました。戦いは徳川・織田連合軍の大敗で終わり、家康は浜松城めざして命からがら退却していきました。退却の途中、家康は緊張と恐怖のあまり馬上で脱糞したという話は有名ですが、真偽のほどは分かりません。

明けて1573（天正元）年の正月、武田信玄は徳川方の支城である野田城を攻囲し、陥落させました。しかし信玄は、思わぬ不運に襲われます。持病の肺病（労咳《ろうがい》）が急速に悪化したのです。そのため戦線を離れて甲府へ退却する途中、急死してしまいました。死に臨んで信玄は、自分の死は秘匿するよう遺言し、このため死報はすぐには諸方に伝わりませんでした。それでも武田軍が甲府に引き上げていったことで、織田包囲網に大きな穴があく結果となりました。信長が最も恐れていたのは武田信玄だといわれていますが、その信玄が突如として戦線を離れたのですから、信長は何が起こったのかとさぞかし驚いたでしょう。そして、窮地を脱した安堵感に一息ついたと思われます。

義昭、挙兵に失敗

一方、将軍・義昭は、信玄が徳川方の野田城を陥落させたという報せに喜んだことでしょう。2月、信玄の上洛をあてにして、自らも挙兵します。もちろんこの時点で、義昭は信玄の死を知らなかったのです。しかし兵を挙げてみたものの、義昭の戦はじり貧に陥り、やむなく朝廷に仲介をあっせんしてもらい、信長と和睦し事態をしのぐことになりました。

義昭はほどなくして、信玄の死を知り落胆します。しかし、信長打倒の執念が衰えることはありませんでした。依然として、自らが出す命令書（御内書）が諸国の大名や大寺院を動かし、信長を倒せると信じていたと思われます。7月、再び挙兵しますが、またもや失敗に終わります。

二度にわたって挙兵した義昭の処遇に信長は苦慮しますが、結局、義昭を支援してきた河内国、若江の城主・三好義継《みよしよしつぐ》に身柄を預けることにしました。義昭は公方から一転して、亡命の客になり下がったわけです。

この時点で、足利将軍家は滅亡したとする歴史家もいます。しかし、義昭本人に将軍の地位を失ったという意識はなかったでしょうし、信長への敵意が衰えることもなかったでしょう。そして武田信玄が死没した後、最も頼りにしたのが毛利氏でした。毛利氏はその頃、播磨にまで進出し、織田氏の領域に迫ろうとするほど、勢いを伸ばしていたからです。

堺の会談

播磨にまで支配域を広げてきた毛利氏ですが、天下を争うまでの明確な意志を持つまでには至っていませんでした。元就が生前口にしたという「天下を狙うべからず」の言葉が、輝元や毛利の両川（元春・隆景）に暗黙の抑制をかけていたのかもしれません。

織田氏にしても、近畿には本願寺をはじめとする反信長勢力がいましたし、背後には武田勝頼・上杉謙信といった強敵もいます。ですから毛利氏と正面対決することなど、その頃は考えていなかったでしょう。

しかし義昭の存在は、毛利・織田の両氏が微妙に保っているバランスを脅かすものとなってきました。両氏は本格的な衝突を避けるため、１５７３年、泉州（大阪府南部）の堺で会談を行うことを決めます。義昭の処遇について話し合うためです。この結果、義昭は安芸には行かず、紀州（和歌山県・三重県南部）の興国寺に身をおくことを承諾しました。厄介者の義昭に対して、政治への口出しを諫め遠地に退けたことで、毛利・織田の両氏は不本意な軍事衝突を避けることができたのです。

五　織田氏の敵対勢力

一向一揆（石山本願寺）

信長の敵対勢力のうち、特に厄介だったのが、一向宗の石山本願寺です。本願寺は、秀吉が大阪城（大坂城）を築く以前、その地に建てられていました。信長と本願寺は、1570年から戦争状態に入っていましたが、戦が始まったのは、信長が本願寺11世の法主・顕如《けんにょ》に対して、本願寺を破却するよう求めたからです。さらに、本願寺の周りを軍勢で取り囲んで威圧しました。これに対して顕如は、求めをはねつけると同時に、断固戦うことを決意します。宗教的自由を政治的権力で抑え込もうとする信長に対して、徹底抗戦で臨んだのです。

一向とは「ひたすら」と言う意味です。門徒はひたすら念仏を唱え、捨て身で戦に臨んで、強力な力を発揮しました。門徒の多くは農民です。彼らは新興の小領主や土豪などと連合して、戦国大名に戦を挑む一揆を各地で起こしました。たとえば、1574（天正2）年の伊勢長島（三重県桑名市）、そして翌年の越前（福井県）などです。

これに対して信長は徹底的な制圧を加え、数万人が殺戮《さつりく》されたといわれています。信長は、宗教的な世界観が政治の世界に入り込むことを、断じて拒んだのです。徹底した政教分離の考え方です。しかし最高指導者である顕如に、屈服する姿勢は見られませんでした。信長と一向宗の対立は、顕如らが本願寺を退去する1580（天正8）年まで10年間も続いたのです。

長篠の戦い（武田勝頼）

一向宗の宗教勢力のほか、信長に敵対していたのは周辺の戦国大名です。越前の朝倉氏と近江の浅井氏は、堺の会談が開かれたその年の8月に滅亡していましたが、東国では甲斐の武田勝頼が牙を研いでいました。信玄亡き後の騎馬軍団は、上杉謙信と並んで、依然としてあなどれない軍事力を誇っていたのです。

その武田氏が、信長の同盟者、徳川家康に戦いを挑んできました。１５７５（天正３）年５月、武田軍は徳川領の三河に侵入し、長篠城（愛知県新城市）を包囲したのです。家康の要請に応じて、信長は援軍を送ります。

この戦で信長は、鉄砲隊と馬防柵を組み合わせた戦法を用いました。馬防柵は長篠城近くの設楽ヶ原《したらがはら》、連子川《れんご》に沿って設けられました。これは、自陣に向かって突撃してくる騎馬隊をくい止めるもので、破られないよう三重に張り巡らせます。そして、騎馬隊を迎え撃つ鉄砲隊は３人で一組。当時の火縄銃は、弾の発射まで三つの操作が必要でした。弾こめ、点火、発射です。３人が一連の操作をずらして行えば、鉄砲隊としては連続射撃をしていることと同じ効果を発揮するのです。戦は、信長・家康連合軍の圧勝に終わりました。

ここで、疑問が残ります。武田軍はなぜ、鉄砲隊が待ち受ける設楽ヶ原に誘い出されたのかということです。勝頼の鉄砲に対する認識の甘さがあったのは否めません。しかし、これは推測にすぎませんが、信長が何らかの謀略を仕込んだとも考えられます。なお、信長の鉄砲戦術は、これまでの個人的な武勇に頼る戦術が、全く通用しなくなったことを明らかにしました。以後は鉄砲の威力を念頭に、戦術、戦略が立てられるようになったのです。ちなみに、弓の有効射程距離は50～60ｍです。対して、鉄砲の鉛弾は２００ｍほど飛び、人体を殺傷する射程距離は、およそ100mといわれています。長篠合戦によって、武田氏は信玄以来の名将はおろか、主力の家臣団を多数失い、軍事的にも弱体化していきました。

安土と楽市楽座

軍事大国、武田氏の脅威を取り除いた信長に、内政の充実を図る余裕が生まれました。最初に取り組んだのが、新都市の建設です。信長は岐阜の町が、東にかたよっていて京との連絡が不便であったため、居城を京に近い所へ移すことを計画していました。目を付けたのが、琵琶湖に臨む安土（滋賀県近江八幡市）です（図16）。安土は美濃から京へ上る通路ですし、北陸にも通じる交通の要衝です。それに船を使えば湖面を走らせて、近江のどこにでも短時間で行くことができます。こうして交通の便利さから、安土を新都市に決めたのです。

まず信長は、安土山の頂に安土城を建設する工事を始めます。工事は1576（天正4）年早々に始められ、3年余りをかけて完成しました。城は本格的な天守閣を備えたもので、近世城郭としては最初のものです。さらに、城が戦闘のための要塞としてよりは、天下を威圧し号令するための権力誇示に重点が置かれて建設されたのも、城郭史上では画期的な意味がありました。天守の外観は斬新なデザインが採用されましたが、これは信長の独創的な発想によるものといわれています。

信長は、従来の考え方がおかしいと思えば直ちに変革する、合理的精神の持ち主だったようです。関所が邪魔だと思えば直ちに廃止したのもそうですし、橋の建設も臆することなく進めました。戦国時代において、橋を架けることは防衛上危険だとして極力抑えられましたが、信長は違いました。琵琶湖の瀬田に１８０間の大橋を架けさせたのをはじめ、多くの河川に橋を架けさせています。これは防衛戦に自信があったことも理由でしょうが、それ以上に商業交通の方を重視したからです。

図16　安土城の所在地

さらに、「楽市楽座」の制度を安土の城下町に採り入れ、商業振興を図ります。それまで諸国の市場は、「座」と呼ばれる組織を持つ特定の商工業者によって独占されていました。彼らは、本所と呼ばれる社寺または宮家・公家などに座銭《ざせん》（営業税）を納めるかわりに、製造または販売の独占権を独り占めにしていたのです。信長はこの座の特権を否定し、競争による自由市場を目指しました。これによって、やる気のある商人たちが続々と安土に集まり、町は賑わっていったのです。

また、中山道《なかせんどう》を通行する商人は、必ず安土の城下町を通るよう法律で命じました。さらに、城下町の人口を増やすため、農民の町への移住を認めました。これは閉塞した農村生活から農民を解放し、城下での自由な活動を認めることで、人々のやる気を引き出そうとしたのです。

このような信長の政策のいくつかは、豊臣秀吉に引き継がれ、さらに毛利輝元の広島城下町にも活かされていきます。

六　織田信長、西国攻略へ

毛利氏、信長と激突

毛利氏と織田氏は堺の会談で、紛争の火種となる足利義昭を紀州に遠ざけることを決め、全面的な軍事衝突だけは回避しました。しかし、その後の両者の関係は矛盾をはらんだものでした。表向きは友好を装っていましたが、裏では足のひっぱり合いを繰り返していたのです。

　たとえば堺会談の翌年3月には、吉川元春の領地、因幡に尼子勝久・山中鹿之助らが侵入。また11月には、備中松山城（岡山県高梁《たかはし》市）の城主・三村元親が、毛利氏に反旗を翻します。実はこれらは、織田氏が裏で手を回したのではないかと考えられています。

　一方、毛利側も黙ってはいません。織田氏が自らの領地だとしていた但馬・丹波に手を伸ばし、両国内の豪族を味方に取り込もうとしていたのです。大変なのは、毛利と織田がせめぎ合う国境線上にある豪族たちです。生き残るためにはどちらに付けばよいのか、毎日頭を抱えて思案したことでしょう。

　このように、両者の画策は続けられましたが、依然として全面対決だけは避けられていました。互いに事情を抱えていたからです。織田氏の場合、本願寺との戦いが続いており、その決着をみないまま毛利氏と戦うことなど考えられませんでした。ただし本願寺を破れば、次に攻撃するのは毛利氏であることは、誰の目にも明らかです。

　このような情勢を冷静に判断し動いたのが、足利義昭です。１５７６年2月、毛利領である備後の鞆《とも》（福山市鞆町後地）に、突然押しかけてきたのです。毛利氏に信長打倒の兵を挙げるよう叱咤するためでした。厄介者の押しかけ訪問に、毛利氏は苦慮します。下手に義昭を保護すれば、信長との関係が悪化するのは目に見えているからです。しかし全く相手にしないというわけにもいかず、とりあえず鞆の小松寺で保護します。

毛利氏は信長への対応を協議し、そして決断を下しました。義昭の意向を受け容れ、信長との戦いに踏み切ることを決めたのです。これはまさしく苦渋の決断でした。直ちに武田勝頼や上杉謙信に、信長包囲の協力を求めたのはいうまでもありません。

1576年7月、毛利水軍は摂津（大阪府）の木津川河口で織田水軍と戦闘に入りました。毛利水軍700艘が、本願寺に兵糧米を運び込もうと河口に突入して、戦端が開かれたのです。毛利軍は、兵糧米の搬入には成功しました。しかしこの戦から備中高松城の講和（1582年6月）まで、毛利軍は6年にわたる織田軍との厳しい戦闘に突入することとなったのです。

上月城と三木城の戦い

「木津川口の戦い」の翌1577（天正5）年、信長は中国攻略に本腰を入れる姿勢を明らかにします。10月、羽柴秀吉を中国攻略の方面軍司令官に任命し、播播の姫路城に送り込みました。秀吉はここを拠点に中国攻略を展開していきます（図17）。

秀吉が最初に攻撃目標にしたのが上月城《こうづき》です。上月城は播磨・備前・美作の三国国境に位置しており、毛利・織田の両者にとって戦略上の要衝でした。当時、城は毛利方が抑えていましたが、秀吉が攻略します。しかし、毛利方の宇喜多直家がこれを奪還します。翌年3月、今度は秀吉が大軍を向けて城を奪還し、城番として尼子勝久を入れます。尼子氏が抱いている「打倒毛利、尼子再興」の願いを戦略的に利用したのです。

図17　信長の中国攻略・位置関係図

このように上月城をめぐって、秀吉と毛利軍が攻防を繰り広げているさなかのことです。1578（天正6）年2月、播磨・三木城の別所長治が、信長に反旗を翻しました。長治は毛利側に調略されたのです。三木城は摂津の喉もとにあります。信長は直ちに秀吉に三木城攻めを命じました。一方、毛利家の当主・輝元はこの機をとらえて、吉川元春・小早川隆景に大軍をつけて、上月城奪還に向かわせました。この頃、毛利氏は最も大きな動員力を誇っていたとみられています。三木城を攻撃していた秀吉は、毛利側が上月城に大軍を送ったことを知り、兵を割いて救援に向かいました。しかし動員できたのはわずかで、毛利軍に囲まれた上月城に、近づくことさえできませんでした。

その秀吉に、上月城の救援をやめて、三木城攻めに集中せよとの命令が信長から届きます。信長は上月城を見捨てたのです。7月、尼子勝久は切腹し、上月城は落城しました。長年、毛利氏に対抗してきた山陰の雄、尼子氏は、ここに滅亡したのです。

上月城合戦に勝利した結果、毛利輝元は元就期をはるかに上回る版図を有する、屈指の大名となりました。安芸・備後・周防・長門・石見・出雲・隠岐・伯耆・因幡・備中・備前・美作に加え、讃岐や但馬・播磨の15か国に豊前の一部を加えた大領域を、事実上の支配下に収めたのです。さらに10月、有岡城（兵庫県伊丹市）の城主・荒木村重が毛利氏に内応しました。石山本願寺は依然として信長に対抗していましたから、村重が加われば、信長へのさらなる脅威になります。毛利氏の勢力は、日本の中枢部に向けてさらに拡大していくかにみえました。

こうした折、毛利氏の勢いに影を落とすような一報が、遠い北国から飛び込んできました。

毛利氏、形勢不利へ

北国から届いたのは、越後の上杉謙信が死没したという知らせです。謙信は信長包囲網の最も強力な同盟者であっただけに、毛利氏には大きな痛手でした。一方、信長には有利な展開です。謙信の脅威に対して備えなければならなかった兵力を、ほかに回せる余裕ができたからです。

こうした折の11月、毛利氏の陣営を衝撃が駆け抜けます。外交と並んでもう一つの大きな強みであった毛利水軍が、織田水軍に完敗したのです。前回の木津川口の戦いでは、毛利水軍は、〝焙烙火矢《ほうろくひや》〟と呼ばれる手投げ弾で織田軍の船を炎上させ、勝利しました。これに懲りた信長は、船全体を鉄板で覆った戦艦を投入してきたのです。「火攻めには鉄板で防御する」。まさに合理的で、当たり前のようにみえますが、実行に移すのは大変です。信長ならではの試みだったと思われます。

瀬戸内の有力な水軍を配下に抱えた毛利水軍は、圧倒的な力を発揮してきました。しかしその水軍が大敗北したのですから、荒木村重と石山本願寺に大きな衝撃を与えました。制海権を奪われることは、情報連絡にも大きな支障をきたすからです。

1579（天正7）年に入ると、さらに毛利氏不利の局面が重なってきました。荒木村重の有岡城が落城したのです。この落城は、宇喜多直家を織田方に寝返らせることにもつながりました。寝返りはドミノ倒しのように、次の寝返りをよびました。伯耆の羽衣石《うえし》城（鳥取県東伯《とうはく》郡湯梨浜《ゆりはま》町）城主・南条氏も毛利氏から離反し、織田側に付いたのです。

相次ぐ寝返りに、別所氏の三木城は孤立します。毛利氏の救援も思うようにいかず、翌1580年1月、陥落してしまいました。三木城は秀吉の兵糧攻めにあい、城内は凄惨《せいさん》を極めたことで知られています。息絶え絶えになった人の肉を削ぎ落として食べ、飢えをしのいだという地獄絵図が見られました。これは「三木の干殺し」と呼ばれています。

摂津、播磨から相次いで毛利氏の勢力が失われたことで、石山本願寺も孤立し、織田氏に降伏しました。10年間に及ぶ「石山戦争」は、信長に軍配が上がったのです。こうして本願寺を制圧した信長は、中国地方への進出圧力を一段と強めていきます。次の攻撃目標にしたのが、山陰地方での毛利方の要衝・因幡の鳥取城（鳥取県鳥取市）でした。

秀吉、鳥取城を攻略

鳥取城は、毛利氏にとっては絶対死守しなければならない城でした。落城すれば山陰においても毛利劣勢と見られて、離反者が続出することが予測されたからです。その頃の城主は山名豊国でしたが、秀吉の調略により城を出ていました。そのため城中に残った家臣は、吉川元春に急使を送り城主を依頼します。元春は、勇猛で鳴る石見吉川氏の嫡男・経家を城に送り込みました（1581年）。

鳥取城に入った経家は、城内の食料が乏しいことを知ります。これは、秀吉があらかじめ若狭（福井県）の商人に命じて、米を時価の数倍で買い取らせたからだと伝えられています。また、農民たちに、ひどい仕打ちを加え、鳥取城に逃げ込むように仕向けたともいわれています。食いぶちが多いほど、食糧の欠乏がひどくなるからです。

秀吉は、城が要害堅固で力攻めでは落ちないと判断して、「渇え殺し」とも呼ばれる兵糧攻めの戦法を取ったのです。毛利側からの兵糧搬入を断つため、約12㎞にわたって兵を配置し、城を包囲しました。城内の食量が底をついた後は、悲惨でした。「三木の干殺し」と同様の地獄絵図が繰り返されたのです。12月下旬、経家は自刃し鳥取城は落城、２００日に及ぶ戦いは終わりました。毛利氏は山陰地方においても、要衝の城を失ったのです。

山陽の三木城に続いて、山陰の鳥取城を失った流れは、毛利氏の形成が不利に動いているとの印象を世間に与えました。この二つの城を陥落させるため、秀吉は兵糧攻めの戦法を使いましたが、この戦法は、城内に人肉をむさぼってまで生き残ろうとする人々を現出させ、そこは修羅場に変わります。

こうした凄惨な状況を生み出すことから、兵糧攻めは、一見、極悪非道の許すことのできない戦法だと思われがちですが、それは、あくまで一方的な見方にしかすぎません。視点を変えれば、優れて合理的な戦法であるともいえるのです。ただし、一つだけ難点があります。敵を飢餓状態に追い込むためには、それなりの時間を要するということです。この点を除けば、優秀な戦法であることに間違いありません。まず戦を交えませんから、攻守双方に戦闘による死者や負傷者は出ません。秀吉に従って三木城から鳥取城へと、戦線へ赴いた兵たちは、「秀吉様についていけば、命を落とすことなく勝利を手にし、そして報償が得られる」と、満足して秀吉への忠誠心を高めたのです。また戦を避けることで、武器・弾薬の消耗費を〝ゼロ〟にすることもできました。

華々しい戦闘を交えて勝利するのも、戦わずして勝利するのも、勝利に何らの変わりはありません。前者の方があるいは格好良いかもしれませんが、戦費と犠牲が要ります。秀吉は敵の出方を冷静に判断して、その都度戦法を柔軟に変えていきました。勝利を得るために、何が必要なのか。それを見極める優秀な指揮官だったといえます。

その秀吉が次の攻撃目標に決めたのが、毛利氏本領の防衛の拠点、備中高松城でした。

備中高松城の〝水攻め〟

備中高松城は、沼沢地に囲まれた、毛利領東部の防衛の中核です。当時の城主は清水宗治。現在、城の跡地は公園として整備され、資料館が建てられています。中には城郭を再現して造られた模型のパノラマがあり、私が訪れたとき、〝水攻め〟など戦について語る人がいて、熱弁をふるってくれました。

１５８２年４月、秀吉は備前岡山城の宇喜多直家・秀家父子らとともに備中に入り、高松城に迫りました。はじめ秀吉は備中、備後の両国を与える条件で高松城の明け渡しを求めましたが、宗治は、これを拒絶します。このため秀吉は一気の力攻めで城を落とそうとしましたが、多数の犠牲者を出してしまいました。そこで、戦法を得意の兵糧攻めに切り替えます。

高松城は足守《あしもり》川に近い所にあり、城の周囲は沼や湿地帯です。この地形から、秀吉の軍師・黒田孝高《よしたか》（官兵衛）は、城を堤で囲み川の水を引き入れて孤立させる〝水攻め〟を提案します（図18）。堤の工事が始められたのは5月初め、昼夜兼行の突貫工事が行われました。結果、長さ約３㎞、高さ７ｍもある大堤防がわずか12日間で完成したと伝えられています。秀吉は破格の報酬で大勢の農民を動員したほか、工区をいくつかに分けて競わせるなど、やる気を引き出したといわれています。

おりしも梅雨時です。水はすぐに満々と貯まり、高松城は湖水の中に孤立しました。毛利輝元は〝毛利の両川〟を救援に送ります。元春は庚申《こうしん》山に、隆景は日差山に陣取りましたが、城をびっしりと囲んだ秀吉軍に阻まれ近寄ることすらできませんでした。こうして毛利と秀吉のにらみ合いが続きました。

一方、和平交渉も行われました。毛利側の代表は、外交僧の安国寺恵瓊、秀吉側は黒田孝高です。秀吉から出された講和条件は、毛利領5か国（備中・美作・伯耆・備後・出雲）の割譲と高松城主・清水宗治の切腹です。毛利氏としては領国の割譲はやむをえないと考えていましたが、宗治の切腹だけは、絶対認められないと拒絶していました。

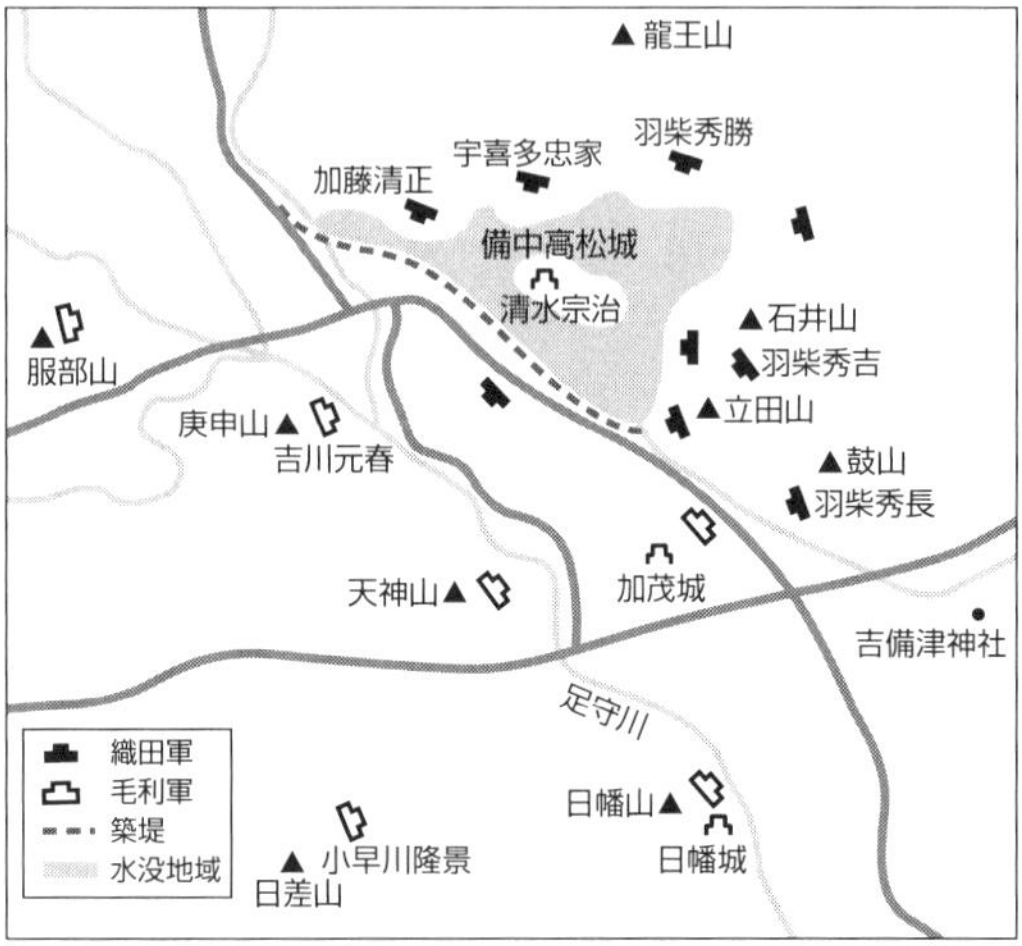

図18　備中高松城の水攻め・布陣図

毛利氏に忠節をつくす宗治を見放したということが周辺の国人に伝われば、毛利氏への信頼が失墜し離反者が出るからです。こうして交渉は暗礁に乗り上げていました。

ところが6月4日早朝、秀吉から交渉をまとめたいとの申し出が、突然毛利の陣営に届きます。恵瓊が交渉に赴くと、そこにはなんと秀吉自らが姿を見せていました。秀吉は講和を一刻も早く終わらせ、高松城を離れたかったのです。

講和交渉

なぜ秀吉は講和を急いだのでしょう。それには、歴史を大きく変えた重大事件が隠されていました。「本能寺の変」です。天下統一の一番手を走る織田信長が、京都の本能寺で殺された事件です。「変」が起きたのは6月2日。信長の家臣・明智光秀が兵を率いて本能寺を急襲し、信長を死に追いやったのです。この重大情報を、秀吉は輝元よりも早く知りました。このことで秀吉は、誰よりも早く、次の手が打てるようになり、有利にことを運ぶことができたのです。秀吉は、どのようにしてこの重大情報を知り得たのでしょう。

これに関しては、明智光秀が小早川隆景の応援を得ようと放った密使が、誤って秀吉の陣営で捕まり、信長の死を吐露したからだなど、さまざまな説があります。〝信長の死〟を知った秀吉は、毛利氏がそれを知る前に講和をまとめ、一刻も早くこの場を離れ主君の敵《かたき》討ちに向かうのが最善だと考えます。秀吉の凄さは、決断即実行です。

6月4日早朝、恵瓊を急きょ招き入れた秀吉は、清水宗治が切腹さえすれば、領国の割譲を3か国に譲歩しても構わないと切り出します。3か国とは、備中・美作・伯耆です。最大の問題は、宗治の切腹を容れるのかどうかでした。毛利側の首脳は、これだけは絶対に容れることはできないと主張していました。しかし恵瓊は高松城に入り、独断で宗治に切腹するよう説得し、宗治は城兵の命と引き換えにこれを受け容れました。この結果、毛利氏と秀吉の間で停戦の合意が成ったのです。

その後、毛利側の紀伊・雑賀党《さいか》（雑賀衆）の使者が毛利の陣営に信長の死を伝えました。陣営に怒りが爆発します。信長の死を隠して、ことを運んだ秀吉を討てとの意見も出ました。しかし、毛利氏の首脳はこれを押しとどめ、ひとまずは状況を見守ることにします。

秀吉の「中国大返し」

講和がまとまった後、秀吉は毛利氏の動きを監視していました。一刻も早く京に向かいたかったのでしょうが、背を向ければ毛利軍が追撃してくるかもしれないと警戒したのです。結局秀吉の心配は当たらず、毛利軍は粛々と引き上げていきました。これを見届けた秀吉軍は、京都に向けて全軍を取って返します。

この大強行軍は、秀吉の「中国大返し」と呼ばれています（図19）。備中高松城から山崎まで、約200㎞の行程です。ちょうど梅雨時でしたから、足軽たちが具足を脱ぎ捨て、ぬかるみに足をとられまいと懸命に走る姿が想像できます。

備中高松城を発ったのは6月6日の午後、姫路に着いたのは翌7日の深夜から8日の早朝

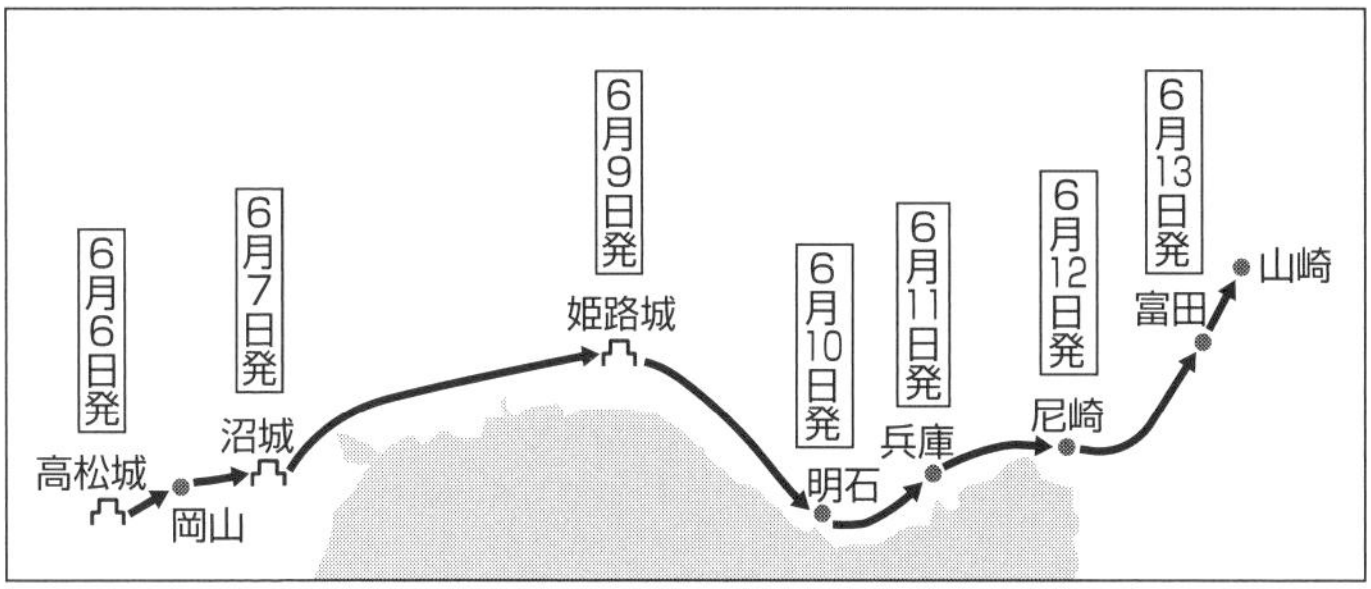

図19　「中国大返し」の経路

だったといわれています。高松城から姫路城まで約90km、休憩や仮眠の時間を含めて約1日半で到着したことになります。なぜそんな離れ業ができたのでしょう。

これには、海路を利用したのではないかという説や、備中高松城が落城寸前に陥ったとき、手柄を信長に渡そうと出陣を要請し、すぐに道路を整備して、道筋に食料を準備していたのが役立ったという話なども残されています。しかし、今も真相は分かっていません。

また姫路城に着いた秀吉は、兵を鼓舞しようと、城内に備蓄していた金品や兵糧をことごとく配下の将兵に分け与えたとも伝えられています。そして二度と姫路城に戻らないと退路を断つことを告げ、戦場に赴く覚悟を示したといいます。6月13日、秀吉軍は京都に入る手前の山崎の地で明智光秀軍を破ります。光秀は戦場から逃れましたが、農民の手にかかり殺されたとされています。

秀吉は主君の敵討ちを果たしたことで、信長の後継者レースを優位に進めていきます。跡目相続を決める「清州会議」で、筆頭家臣の柴田勝家の意見を退け、自分が推す信長の嫡孫・三法師（秀信）を跡目にすることに成功しました。さらに10月15日には、京都・大徳寺で信長・百か日の法要を盛大に開いて、信長の後継者は自分だと世間に見せつけ、その地歩を固めたのです。

七　毛利氏と秀吉の講和締結

備中高松城で秀吉と停戦の合意をした後、毛利氏はどんな動きをみせたのでしょう。まずは、「本能寺の変」の正確な事実関係を調べます。そして畿内の情勢がどのように動いて行くのか予測するため、情報を集め分析しました。このほか、友好関係を結びたいという意思を伝えるため、秀吉に祝いの贈り物をしています。一方で、柴田勝家ら秀吉敵対勢力とも連絡をとっています。どちらが勝者となっても対応できるよう、柔軟な策をとったのです。

問題は、秀吉との講和交渉でした。備中高松城では、停戦だけは実現させましたが、領土の境界や人質交換の問題は先送りにしていたからです。このため交渉を持ちましたが、話は進みませんでした。秀吉と柴田勝家との関係が悪化し、秀吉側が交渉どころではなくなったのです。両者は激しい対立を繰り返していましたが、1583（天正11）年4月、秀吉は勝家を「賤ケ岳《しずがたけ》」で破ります。そして勝家は、居城である越前・北ノ庄城（福井県）に籠城し、自害します。後継の最強ライバルを葬り去ったのです。

秀吉は天下取りに向けて自信を深め、信長の安土城に代わる、天下人にふさわしい大城郭を構想します。その城地として選んだのが、大阪（大坂）です。5月には大阪城の建設に乗り出しました。この頃の秀吉は、すべてにおいて自信にあふれていたとみえます。毛利氏との国境交渉でも、高圧的な態度で臨むようになりました。

「天正十一年五月秀吉は毛利氏に（中略）、すでに東国の北条、北国の上杉も秀吉の支配下に入るよう申し出ている、もし毛利氏にして秀吉の配下に属する覚悟ができるならば、日本には頼朝以来かつてない天下一統の和平がやってくるのであるからよくよくその覚悟を決めるようにと申し送っている（毛利家文書九八五号）」（『新修広島市史 第二巻 政治史編』、広島市役所、1958年）

これは、自分（秀吉）の意向に沿って境界を決めてくれたら、万事平和裏にうまくいくと説いているのですが、遠まわしの威圧でもあります。また、秀吉の実力を見抜いていた恵瓊は、「もし上方衆（秀吉）と中国衆（毛利氏）とが争ったら十に七、八は中国衆の負けだとし、それは上方衆は米銭が豊かであり、兵数も多く兵を動かすことも機敏であり、このいずれでも中国衆は劣つている」（前掲書）と述べています。恵瓊は、秀吉の意向に従うのがよいと、輝元に説いたのです。

しかし、輝元にも毛利大国のメンツがあります。軽々と頭を下げるわけにはいきません。毛利側は粘り強い交渉を続けます。そして１５８３年の秋、ようやく境界確定に見通しがつきます。秀吉に人質を提出し、それと引き替えに、備中・高梁川《たかはしがわ》以西と、伯耆の西三郡を毛利の領土にするものです。

懸案であった和平交渉がまとまり、毛利氏と秀吉は同盟関係に入りました。しかしその内実は、秀吉の配下に組み込まれたも同然でした。毛利氏は、天下統一を目指す秀吉から出兵要請があれば、いつでも尖兵《せんぺい》として戦場に出動しなければならない立場に置かれたのです。

コラム6

講和交渉の真実

講和交渉は、一刻も早く信長の敵討ちに向かいたい秀吉が持ち掛けたとされていますが、実際はどうだったのでしょう。

実は、毛利側から講和をもち出したとする資料もあるのです。

「(前略)当時から一、二年後に書かれた秀吉や安国寺恵瓊の書状によると、この和平は、毛利側からもち出されたのが真実とみられる(小早川家文書二七六号、毛利家文書八五九号)。おそらく毛利氏内部の上方の情勢に詳しい隆景が、毛利氏の窮状を心配して、(中略)恵瓊と相談し、毛利氏の潰滅を避けその生き残る道を求め、毛利方から恵瓊を使者として秀吉との交渉をはじめたのであろう」(河合正治『安芸毛利一族』、株式会社吉川弘文館、２０１４年)

このように、これまで「通説」とされてきたことも、新たに文書が発見されたり、研究が進んでいくことで、さまざまな説が生まれていきます。歴史の「真実」はどこにあるのか、いろいろな視点から想像してみるのも、また楽しいことです。

第五章　豊臣政権下の毛利氏

～広島城築城へ

一　秀吉の天下取り

家康への臣従作戦

毛利氏が秀吉の同盟者となることを明らかにしたのに対して、態度を明らかにしなかったのが東海の雄、徳川家康です。その秀吉と家康が、戦うはめに陥ります。織田信長の遺児・信雄《のぶかつ》が、家康と組んで戦いを挑んできたのです。

信雄にとっては、自分を差し置いて着々と天下人への道を進む秀吉は苦々しい存在でした。自分の家老が秀吉に通じていたのではないかと疑い、殺害もしています。同じ思いは家康にもありました。信長の三男・信孝《のぶたか》を殺し、織田方の力を弱体化させようとする秀吉の動きをみて、いつか秀吉と戦わなければならないと考えていたようです。また、自分の存在を世間に印象づけることも必要でした。こうした状況を受けて、秀吉軍と家康・信雄連合軍との間で戦機が熟し、１５８４（天正12）年、尾張の小牧・長久手辺りを舞台に、両軍は対峙することになります。

しかし、すぐに戦端が開かれたわけではありません。そもそも戦のポーズをとったのは、両者とも自分の存在と優位性をほかの有力大名に見せつける必要があったからです。ですから、戦闘は長久手だけで行われたにすぎません。この戦では家康が勝利しましたが、しょせんは局部戦にすぎず、大勢は決まりませんでした。

しばらくは緊張状態が続きましたが、その年の暮れ、秀吉は信雄と講和を結びました。このため信雄の依頼で兵を挙げた家康に戦いを続ける意味はなくなり、兵を引きあげていきました。やがて秀吉は、朝廷から関白に任じられます。

関白となった秀吉はその威光を借りて、家康を臣従させようとします。しかし、なかなかうまくいきません。そのため秀吉は、政略結婚と人質作戦で、家康を取り込もうしました。そして、その涙ぐましい努力に家康もようやく重い腰を上げ、大阪城に赴いたのです。

大阪城を訪れた家康は、居並ぶ大名の前で秀吉に臣従の礼を示しました。家康がこのような態度を示したのは、事前に秀吉から頼まれていたからだという話も伝えられていますが、実際のところは分かりません。いずれにしても、家康が大阪城に出向いて秀吉に謁見したという話は、直ちに世間の知るところとなりました。そして秀吉が天下人へ一番近い人物だとの印象を与えたのです。

四国平定

天下取りに向けて、秀吉は四国征討に乗り出します。1585（天正13）年4月、毛利氏に四国への出兵を命じました。毛利氏にとっては、秀吉の天下統一のための、初めての軍事出動でした。当時、四国は土佐から立ち上がった長宗我部元親《ちょうそかべもとちか》が支配を始めたばかりでした。5月、秀吉は弟の秀長を総大将として大軍を四国に送り込みます。

秀吉は軍を秀長隊、秀次隊、宇喜多秀家隊、それに毛利隊の四つに分けて上陸させました。毛利隊は、輝元を吉川元春の長男・元長《もとなが》と小早川隆景が補佐する連合軍で、伊予（愛媛県）の新間《にいま》から上陸しました。四つの隊に攻め込まれた長宗我部軍に対抗する力はなく、土佐一国のみを安堵され、降伏します。そして、元親は上洛して秀吉に謁見し、臣従を誓ったのです。

隆景への信頼

四国平定の後、小早川隆景は、論功行賞《ろんこうこうしょう》として秀吉から伊予一国（35万石）を与えられました。毛利の重臣はほかにもいますが、なぜ隆景だけに与えられたのでしょう。小和田哲男氏（現 静岡大学名誉教授）は、次のように述べています。

「秀吉は隆景の力量を高く評価していた。できれば毛利輝元から切り離して自分の直臣としたいと考えていたようである。もちろん、そうすれば、毛利の力を殺《そ》ぐことにもなって一石二鳥であると判断したのであろう」（『歴史群像シリーズ⑨ 毛利元就』、株式会社学習研究社、1988年より小和田哲男「〝人たらし〟秀吉、両川を分断す」）

しかし、隆景は秀吉から論功行賞の話があったとき、伊予一国はいったん輝元に与え、輝元からあらためて自分がもらう形をとってもらいます。秀吉としては、隆景に直接恩賞を与えることで、二人の間に主従関係をつくり、毛利氏の分断を図りたかったのでしょうが、その思惑ははずれてしまいました。

秀吉と隆景との信頼関係は、安国寺恵瓊を通して長年の間に出来上がっていたようです。両者とも、頭が柔軟で洞察力に優れている共通点があります。備中高松城で講和が結ばれた後、「秀吉に騙された。即討つべし」との意見が出ましたが、これを抑えたのは隆景だったという説もあります。秀吉と隆景は、表の交渉とは別に裏で話し合い、「講和の後は極力対立は回避し、友好関係のもと互いに繁栄しよう」と合意していた可能性もあるのです。

秀吉が隆景を信頼していたことは、「五大老」の役職に隆景を登用したことからも明らかです。この役職は、秀吉が死んだ後、実子・秀頼を後見し、補佐するため、晩年秀吉が設置したものです。徳川家康や前田利家など、有力な大名が選ばれ、この中に、毛利一族から輝元と隆景の二人が入っていたのです。一見、毛利氏偏重に見えます。輝元は当主ですから頷けますが、その直臣の小早川隆景は何故かとの疑問もわきます。これは、秀吉の隆景に対する並々ならぬ信頼以外に説明のしようがないと、私には思われます。

毛利輝元の豊臣大名化

四国平定の最中、秀吉は関白職に叙任されました。政界の最高位に上り詰めたのです。これを機に、ほかの大名に対する秀吉の優位は、それまでの相対的なものから絶対的なものへ変わっていきました。また毛利輝元は、秀吉軍の重要な戦力として四国平定戦で命令に従って戦ったことで、豊臣配下の大名、すなわち「豊臣大名」へと変わっていきました。1588(天正16)年、輝元は秀吉の推挙によって従四位下・参議に任じられます。その際に、本姓を「豊臣」に改めました。輝元は名実ともに豊臣大名になったのです。

輝元が豊臣一門に明確に位置づけられたことで、全国の大名の毛利氏を見る目が変わりました。またこのことは、毛利氏内部の権力構造にも大きな変化を与えます。毛利氏は、中国地方を制覇するまで、そのリーダーとして指導的役割を果たしてきましたが、その立場は、あくまでも国人領主連合の盟主でしかないものでした。たとえば、元就をはじめ国人領主が団結

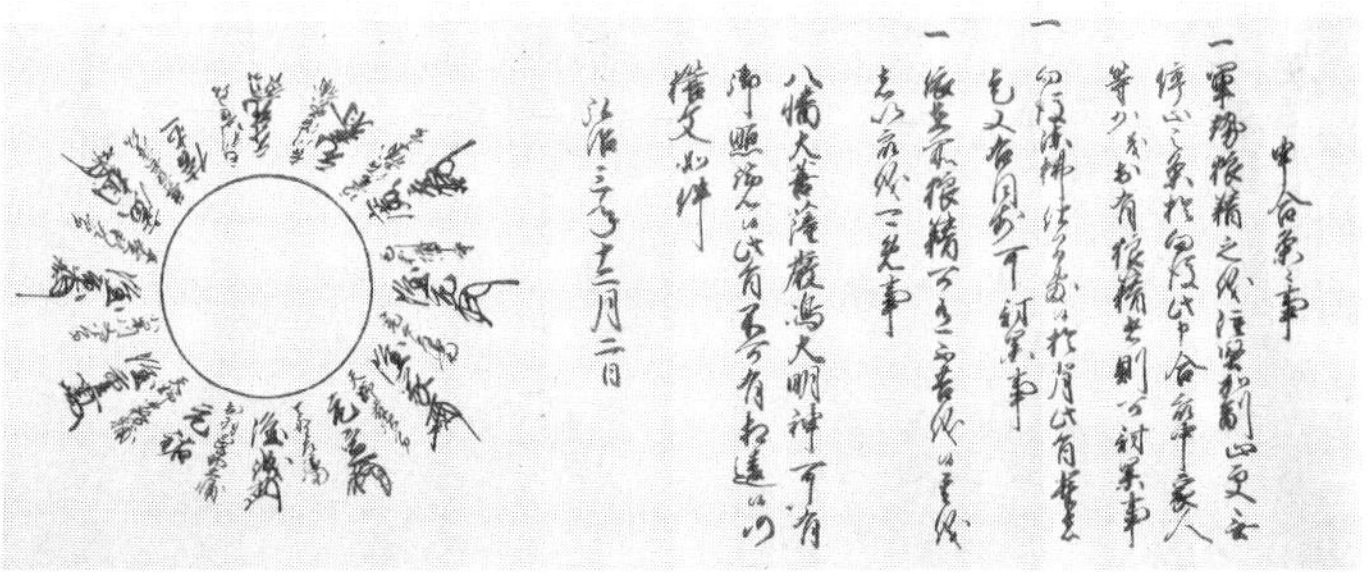

写真６　傘連判状（毛利博物館所蔵）

を誓った署名（傘連判状《からかされんぱんじょう》）が残されていますが、円を描くように署名が並んでいます（写真６）。これは上下の関係を示さず、あくまでも横並びの関係を意味しています。この横並びの関係は、輝元の時代に入っても変わりませんでした。

しかし、輝元が豊臣大名に公式に位置付けられたときから、領国での輝元の立場は絶対的なものに変わりました。これまでの「盟主」という横並びの立場から、最高位に君臨する絶対的な「支配者」の立場に変わったのです。こうして最高位に立ったことで、輝元は、人やモノを自由に動かせるようになり、広島城築城・城下町建設に取り組めるようになりました。

毛利王国、１４３万石

秀吉の天下統一事業は、四国平定の後、九州平定に舞台を移しました。その先鋒を命じられたのが、宇喜多《うきた》秀家《ひでいえ》と毛利一族です。秀吉は、特に吉川元春の出陣を求めていました。元春は

1582（天正10）年末の時点で隠居していましたが、秀吉の願いを断ることもできず、出陣を容れます。

しかし元春は九州上陸後、豊前小倉城で亡くなってしまいます。また秀吉は、輝元を九州に国替えさせる考えも持っていたようですが、これも立ち消えになりました。毛利氏のような大国の大名は、なるべく遠ざけたいと考えていたのかもしれません。結局、隆景を九州に封じています。筑前一国と築後の二郡、それに肥前の二郡を与えたのです。

これら九州で隆景に与えられた石高は、合計で30万7300石です。伊予国の方は秀吉に返されました。隆景が伊予国を与えられたときは、輝元から与えられる形をとりましたが、今回は秀吉から直に与えられました。形式上かもしれませんが、このことで隆景は、秀吉から知行を与えられた、独立大名になったのです。隆景を毛利氏から引き離す秀吉の狙いが、少しは実現したといえるかもしれません。

秀吉は九州を平定してから3年後、関東の北条氏を、続いて奥州の伊達氏を平定し、天下を統一しました。そして1591（天正19）年、朝廷から正式に天下統一者として認められました。このとき、毛利氏は秀吉から膨大な領地を公認されました。安芸・周防・長門・石見・出雲・備後・隠岐など7か国のほか、伯耆・備中の各半国など9か国で、石高は112万石です。小早川隆景が与えられた北九州の30万石余りを加えれば、毛利一族は、総計142万石余りを手にしたことになります。

１５８２年２月、備中高松城で秀吉と対峙した輝元は、講和の後、協調路線に切り替えました。秀吉と協調していくことで、毛利氏の生き残りをかける決断をしたのです。しかし、その道は過酷なものでもありました。秀吉の命令一つで、戦いの最前線に立ち、多くの犠牲を払わなければならない屈辱の道でもあったからです。しかし、輝元の決断に狂いはありませんでした。結果として、祖父・元就が築いた大国をさらにしのぐ、超大国を打ち立てるまでになったのです。

二　秀吉の京都・聚楽第《じゅらくだい》

輝元上洛

九州が平定された１５８７（天正15）年５月、毛利輝元はふるさと、吉田郡山城に帰ってきました。秀吉軍の尖兵として戦に明け暮れた輝元には、久々の休息です。

しかし2か月後の7月、輝元は小早川隆景、吉川氏の家督を相続したばかりの広家らを伴い、生まれて初めて京阪を訪れる大観光旅行に出かけます。太政大臣を授けられて「天下人」となった豊臣秀吉を表敬訪問するためです。旅は2か月半にも及びました。この旅で輝元は何を見て、何を感じたのでしょう。その答えこそが、まさしく広島城築城と城下町建設でした。

輝元一行は、草津港から瀬戸内の航路をたどり、大阪を経て京都に入りました。朝廷への献上金や滞在費に充てる金銀銭を積んだ車は、長い列をつくりました。それを目にした京雀は、「さすが毛利」と讃えたといいます。輝元ら一行は、秀吉が乾坤一擲《けんこんいってき》の精力を注いで建築したばかりの城郭風邸宅、「聚楽第（じゅらくだい）」を訪れました。「じゅらくてい」や「聚楽屋敷」の呼び方もあります。

輝元らは、武士の正装に身を包み、秀吉に対面しました。京都滞在中、輝元は何度も聚楽第を訪れ、内部を見学して回りました。また、秀吉から聚楽第の敷地に土地を与えられ、屋敷を建てています。ですから、聚楽第に精通していたことは間違いありません。翌年春、輝元は広島城の建設に取りかかりますが、その「縄張り」は、聚楽第を参考にするよう指示したとされています。「縄張り」とは、城郭内の屋敷や堀などの配置構成のことをいいます。

権力と権威の誇示、聚楽第

聚楽第は、一般的には城郭風の城だと説明されています。屋敷を囲む堀や石垣、それに天守を備えていましたから、立派な軍事要塞です。しかし、屋根瓦に金箔を貼り付けるなど、きらびやかな外観を装っていましたから、これは豪華そのものの邸宅だと考えることもできます。つまり、聚楽第は軍事要塞として建築されましたが、それにもまして、豊臣政権の権威を誇示する目的も抱えて建設されたのです。

建設地も、その観点から選ばれました。その土地は当時「内野」と呼ばれていた、平安宮の跡地だったのです。朝廷の権威にあやかるには、うってつけの場所です。秀吉は1585年、関白職に叙任されましたが、翌年2月には早くも聚楽第の建設に入り、1587年の9月には完成させました。関白職に就いてから完成まで、わずか2年という驚くほどの速さです。関白という権威を手にした誇らしさを、一刻も早く世間に誇示しようと建設を急がせたと思われます。

聚楽第は軍事要塞として建てられたと説明しましたが、これは大きな意味を持っていました。要塞（城）が、京都に建設されたのは、聚楽第が歴史上初めてだったのです。794年、桓武天皇は日本の首都として平安京を建設しました。創建以来、平安京の中に軍事要塞としての建造物が建てられることはありませんでした。平安京は、朝廷・貴族が君臨して日本を統治する聖域であって、何者もそこに入り込んで支配者として振る舞うことは許されることではなかったのです。ましてや城を建てることなど、とんでもないことでした。その聖域に秀吉は足を踏み入れ、聚楽第を建てたのです。朝廷・貴族を威圧し、武士の力を見せつける、秀吉の大胆な演出だったのかもしれません。

また、聚楽第が平地（京都平野）に建てられたことにも、大きな意味がありました。それまで城といえば、山城でした。高く険しい山の地形を巧みに利用し、防御を固めた要塞として建設されてきました。城が平地に建てられるようになったのは、時代の変化が背景にあります。経済が発展するにつれて物流や交通が盛んになってくると、山城では、どうにも対応できなくなったのです。

聚楽第は、関白職を権威づける建造物として秀吉が肝いりで建設しましたが、わずか9年後、自ら徹底的に破壊してしまいます。そのためよく分からない点が多いのですが、近年の発掘調査や「京都図屏風」などの絵図から、その姿をうかがうことができるようになりました。

聚楽第は内郭と外郭の二つから構成され、それぞれが堀と石垣で囲まれています。内郭の中心は本丸で、天守を備えていました。本丸を囲む形で北の丸、西の丸、二の丸が並び、天守や御殿の瓦には、金箔が貼り付けられていました。その豪華絢爛さは、秀吉の権力と財力の大きさを、人々に印象づけたことでしょう。聚楽第は噂になり、一目見ようと、全国の諸大名が京都に赴いてきました。そして聚楽第に秀吉を訪ね、裸一貫で天下人にのし上がった秀吉を称賛しました。

こうした状況を目の当たりにした輝元は、「これからは秀吉統治の平和な時代が訪れる」と確信したに違いありません。そして、「平和な時代であればこそできる大仕事は何か」と自問したはずです。そして出した答えが、「毛利大国に相応しい首都建設」でした。

コラム 7

聚楽第の破壊

秀吉が聚楽第を破壊した理由は、何だったのでしょう。それには後継者問題が関わっていました。秀吉は長い間、実子に恵まれませんでした。そのため1591年、甥の秀次を後継者に決めて、聚楽第と関白の位を譲ります。

しかし待望の実子・秀頼が生まれます。あきらめていた実子が生まれたのですから、秀吉の喜びようは尋常ではありませんでした。「秀頼を後継者にしたい」。こう思う秀吉にとって、秀次は次第に疎ましい存在に変わっていきます。そのため彼を失脚させ、自害させたのです。そして信じられないことですが、秀次に譲っていた聚楽第までも徹底的に破壊したのです。秀頼の将来のためには、秀次に関わるものはすべて災いの種になると忌み嫌ったのでしょうか。

権力の頂点に立ち、権力を振るった秀吉が身をもって感じたもの、それは権力の凄さや、それを奪われたときの恐怖感だったのかもしれません。

三　秀吉の京都改造

輝元は、京都の町もつぶさに見学しました。輝元が京都を訪れたのは1588（天正16）年ですが、その頃京都は、秀吉によって大規模な都市改造が進められていました。平安京以来の古い中世都市を、近世都市へ改造するものです。改造の中心にしたのが、商業の振興と商品流通が円滑にいく町づくりです。このような町づくりが求められるようになったのは、戦国時代が終わりに近づき、「軍事力より経済力が国力をつくる」という考えが重視されるようになってきたからです。この考え方は、広島城下町が建設されるときにも採り入れられました。では秀吉の町づくりによって、どんな京都が生まれたのでしょう。

改造前の京都

京都の町は、「応仁の乱」に始まった戦乱が長く続いたため家々は焼かれ、復興整備もままならないまま放置されていました。室町幕府が政治的にほとんど無力であり、ましてや復興資金などなかったからです。町からは、平安京創建当初の整然とした町並みは失われていました。町らしい姿を残していたのは、北の「上京」と南の「下京」の二つだけです。その光景は広い海にポツン、ポツンと浮かぶ島のようにも見えました。

町の人たちは武士が中に入り込んでくることを阻むため、町の周囲を壁で囲みました。中では自治組織をつくり、自分たちで町の運営を行いました。幕府の介入がない、いわば自治共和国です。

では、二つの町以外の京都平野は、どのような様子を見せていたのでしょう。農地として利用されている所もあれば、荒れ地のまま放置されている所もあり、雑然としていました。このような京都の町から、農村的な部分や荒れ地を排除して、都市らしい町並みを取り戻そうと改造に取り組んだのが秀吉です。平安京が建設されて以来、初めての都市開発でした。

洛中検地

京都改造にあたって、まずやらなければならないことは、土地や建物の所有者が誰かを確認することです。確認ができたら、所有者から改造への了解をとり付けなければなりません。こうした手順を踏んだ上で、土地の測量など、やっと具体的な作業に入ることができるのです。この一連の作業には大変な困難が伴ったと、私は思います。なぜなら、京都は中世以来、土地所有の関係が複雑に入り組んでおり、所有者の把握には大変な苦労があったと考えられるからです。

京都は朝廷や貴族、それに寺院など伝統的な勢力が支配してきました。既得権にあぐらをかいて生きてきた、保守勢力が幅を効かせてきた町です。このような町に、身分の低い武家の秀吉が乗り込んで、いきなり都市改造を始めると宣言したのですから、彼らは大きな反発を感じ、抵抗したことは想像に難くありません。こうした状況の中、秀吉は「洛中検地」という土地調査を成し遂げました。調査が終わったのは、輝元が京都を訪れる一年前のことでした。

短冊形の町割り

土地調査を終えた秀吉は、いよいよ工事に入りました。上京と下京の南北二つの町を緊密に結び付けるために、南北道路を増やす工事です。道路が増えれば、人の往来が増え、物の交流も活発になります。そうすれば南北の町の間に一体感が生まれ、一つの塊として発展していくだろうと考えたのです。この道路増設は、上京と下京の間だけにとどまらず、京都の町全域で行われました。なお、どのような町を建設するのか、その都市計画を立案することを当時は「町割り」と呼びました。

京都の街区は平安京が造られたとき、一辺が一町（60間）の正方形で区画されました。正方形の土地は、道路に接する所は使い勝手がいいので大いに利用されます。しかし、奥まった中央部は、道路に接していないため使い勝手が悪く、利用されないまま放置されがちです。

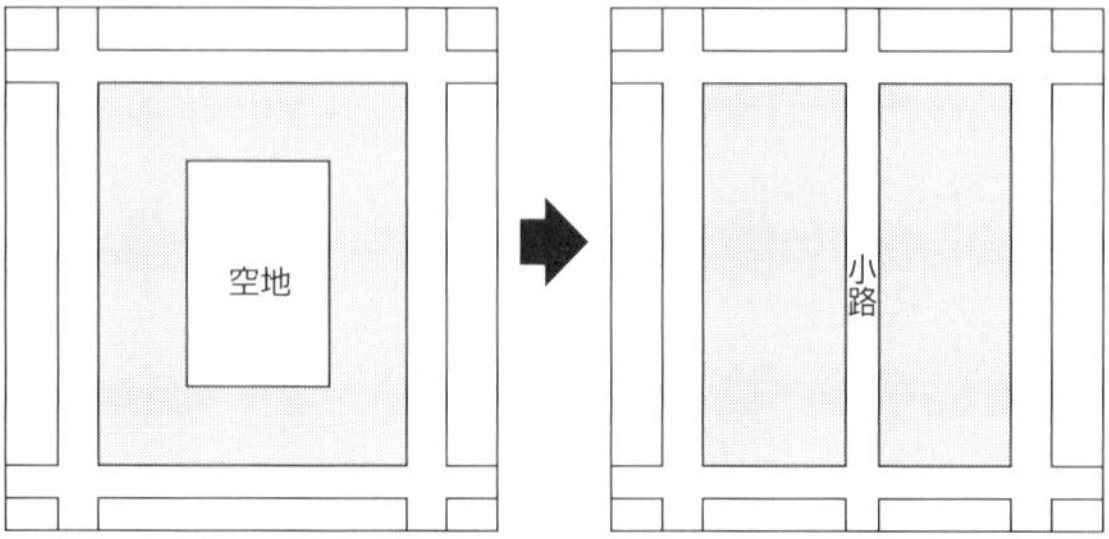

図20　短冊形の町割りのイメージ

京都でも、街区の中央部分は「せと畠」などの耕地としてかろうじて使われるか、空地として放置されてきました。秀吉は、この正方形の街区の中央に、もう一本の南北方向の小路を新設し、街区を短冊形（長方形状）に二つに分けました（図20）。このときの町づくりは「天正地割《てんしょうじわり》」と呼ばれています。

この町割りは、二つの効果を生みました。一つは道路が増えたことで、南北の行き来が便利になりました。二つめは、新設した小路沿いが新たな店舗用地として使えるようになり、土地の利用効率が上がりました。現在の黒門通り・岩上通り・釜座通り・衣棚《ころものたな》通り・間之町《あいのまち》通り・堺町通りなどは、このときの町割りで生まれた通りなのです。

京都は豊臣氏が滅びた後、徳川氏に受け継がれましたが、徳川氏が町並みに手を入れることはありませんでした。また、第二次世界大戦でも、米軍からの破壊を免れることができました。ですから今日、私たちが目にする京都は、４００年以上前の、まさしく秀吉が改造したそのままなのです。ちなみに短冊形の町割りは、広島城下町でも、福島氏や浅野氏によって行われました。

職種別の町割り

改造前の京都では、公家・武家・寺社・町民が、てんでばらばらに混在して住んでいました。この混在を整理するため、秀吉は同じ身分や職業の人たちを同じ地域に集め、住まわせる町づくりを行いました（図21）。この結果、内裏（禁裏）を中心とする地区は公家町となり、聚楽第周辺は武家屋敷地区になったのです。寺院は、上京北の「寺ノ内」と下京南の本願寺「寺内町」、それに京都東端の「京極寺町」の3か所に集められました。

寺院町は、いざ戦となったとき、要塞として使用されます。3か所に分散配置されたのは、戦略上の観点からでしょう。「寺院町を要塞として使う」という考え方は、広島城下でも採り入れられました。毛利氏が去った後、広島入りした福島氏の手によって造られた寺町（中区）がそうです。

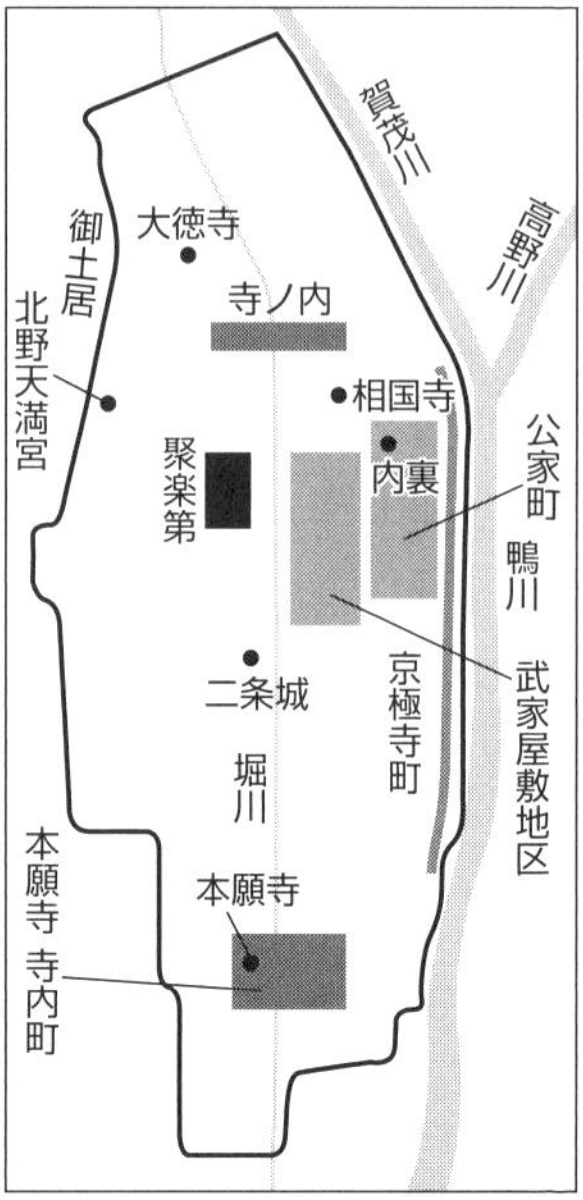

図21　秀吉による京都の街区分

「御《お》土《ど》居《い》」

秀吉は、「御土居」と呼ばれる土塁の壁で、京都の町を囲みました（図21）。町を防衛するため川や山を利用するのはごく普通ですが、町の周囲を壁で取り囲んで防衛するという方法は、日本ではほとんど見られません。「御土居」の全長は約22・5kmに及びました。

「御土居」には、鴨川など川の氾濫から町を守る目的もありましたが、それ以外に政治的な目的が込められていたことに驚かされます。

秀吉は「御土居」の内側を〝洛中〟、外側を〝洛外〟と呼ばせて、内と外を明確に区別させました。「御土居」の内側は、秀吉の命令が絶対支配する領域だと宣言するためです。内側には天皇や貴族が暮らしていましたから、秀吉のゆるぎない自信と自負心がどれだけ高かったのかがうかがえます。

「御土居」は、徳川の戦争のない時代を迎えて、次第に取り除かれていきました。交通を妨げる邪魔者でしかなくなったからです。現在、その遺構は北西部にわずかに残され、国の史跡として保存されています。

大阪訪問

京都見学を終えた輝元は、広島への帰途、大阪城に立ち寄っていますが、おそらくその規模に圧倒されたはずです。当時の大阪城の敷地面積は、現在私たちが目にするものの5倍もあったといわれているからです。表敬訪問に来た全国の諸大名も、みな度肝を抜かれたことでしょう。建設コストが推察される秀吉の財力にも、驚かされたはずです。輝元らが見た大阪城は、その後徳川家康に焼き払われ（「大坂夏の陣」）、姿を消しました。ちなみに、現在の大阪城は家康が建てたものです。

大阪城は小高い丘に建てられましたが、大阪城下町は淀川の下流に広がる湿地帯に建設されました。湿地帯を立派な土地に造成するためには、膨大な資金や労力を投入した干拓工事が必要になります。なぜそうまでして、秀吉は湿地帯を選んだのでしょう。それは、大阪を一大流通拠点に育てたいという構想を持っていたからだと考えられます。広い土地を確保するためには、湿地帯を干拓するしか方法がなかったのです。

輝元はこれを見て、思い当たるところがあったはずです。同じ湿地帯の広島デルタです。このとき輝元の脳裏には、新城下町の姿が浮かんだのではないでしょうか。京都、大阪と、時代を切り開く町づくりの槌音《つちおと》を聞いた輝元は、大きなカルチャーショックを受けて、吉田郡山城に帰ってきたものと思われます。

「山地の吉田では限界がある。大国毛利にふさわしい新都を築かなければならない」。そう、心の中でつぶやいたかもしれません。

四　広島城築城へ向けて

城地の選定

輝元が京阪の旅を終え、吉田に帰ったのは1588年9月でした。そのわずか3か月後、輝元は、叔父に当たる普請奉行の二宮就辰《にのみやなりとき》に「佐東御普請」、つまり広島城築城を申し付けるとの手紙を送っています。吉田に帰ってからいくばくの時も置かずして、築城を決断したのです。しかし輝元は、4年前の春頃は、郡山城の大規模な修築と吉田城下町の整備を意欲的に進めていました。京阪への旅の準備に追われていたときでも、郡山城の修築に熱心に取り組んでいました。それなのに旅から帰った途端、築城へと大きく舵を切ったのです。京阪の旅で受けたインパクトが、輝元の胸中で大きく弾けたといえるでしょう。

1589（天正17）年、輝元は築城に向けて動き出します。気力体力ともに充実した36歳でした。最初の仕事は、城を建設するのにふさわしい土地の選定です。2月、郡山城を出発した輝元は、広島デルタを目指しました。そして地元の武将、福島元長らの案内で、砂州の形状や広さを確かめるため、三つの山に登りました。明星院山（二葉山）、新山《にいやま》、己斐松山（旭山）です。

新山は「見立山」とも呼ばれますが、城の適地を見立てたことから、このように呼ばれるようになったのです（写真7、図22）。山から広島デルタを一望した輝元は、デルタの中央にある一番広い砂州を城地に選びました。

ところで「見立山」は、広島市東区牛田新町にあるスポーツセンターの背後にある小高い山です。登り口はセンター近くの住宅街にあり、道は途中からハイキングコースとして整備されています。私も散策がてらに登ったことがあります。登り口から10分余りの所に広島市水道局の貯水施設があり、いつもはそこから引き返すのですが、ある日、何となく気が向いて高みを目指すことにしました。輝元がこの山に登り、城地選びをしたことなど、全く知らないときです。しばらく歩いていると、一枚の説明板が目に入りました。読むともなしにぼんやりと文字を追っていて、次の一行が目に飛び込んできた瞬間、私は不意打ちをくらわされたかのような感覚を覚えました。

写真７　「見立山」（新山）

図 22　城地を選定（想像図、広島城所蔵）

「輝元は、ここからデルタを検分しました」と書かれていたのです。

「エッ！　輝元がここに立って検分した！」「その同じ場所に自分も立っている」。そう思った途端、私は不思議な感覚に襲われました。歴史の教科書で学ぶ、文字でしかない「輝元」の２文字が、そのときは血肉ある「人間・輝元」になって、私のそばに立っていたのです。歴史が、皮膚感覚で私の体に入り込んできた瞬間でした。歴史を感じるとはこういうときなのでしょうか。

五ケ村

輝元が眺めた広島デルタは、どのような姿を見せていたのでしょう。

今川了俊が太田川河口の〝しほひの浜〟を歩いて渡った南北朝時代から、２００年余りが経った頃です。土砂の堆積は大幅に進み、大小の砂州が形成されていました。そこには人が住み着き、箱島（白島）、広瀬、平塚、鍛冶塚、在間の五つの集落が生まれ、「五ケ村」と呼ばれていました。

デルタの沖には江波島、葭《よし》島（吉島）、亀島、比治山、仁保島、牛奈《うじな》島（宇品）が浮かんでいます。仁保島から海をへだてた本土側が、岩鼻（広島市東区矢賀）です。五ケ村の間を流れる川では船が往来し、「う飼い」も行われていたようです。そのう飼い船には、税金がかけられていたとも伝えられています。

デルタの西側では、太田川に並んで、もう一本の川が流れていました。太田川から分かれた「山手川」です。山手川は可部から長束を経て己斐に至り、山陽本線にそって草津方面に流れていました。しかし、大水が出たときは大暴れする川でしたから、その時々で東を流れたり西を流れたりと、流域の人々を悩ませていたようです。

〝鍬初《くわはじ》め〟の儀式

1589年春、築城プロジェクトの歯車が動き始めます。4月15日、輝元は工事の安全を祈る〝鍬初め〟（起工式）を行いました。式の日取りは、明星院（広島市東区二葉の里）住職の占いで決められたといいます。

明星院は、輝元が母の供養を行うための菩提所（寺）として、古い寺を再建（1573年）したものです。輝元の母・尾崎の局《つぼね》は、大内義興・義隆の二代に仕えた大内氏の重臣で、長門国の守護代を務めた内藤興盛《おきもり》の娘です。政略結婚による悲劇を背負わされた、典型的な女性でした。輝元の父・隆元は人質として義隆の元へ送られていましたが、このとき義隆の命令で妻に迎えたのが、興盛の娘でした。

悲劇が起こります。義隆を殺した重臣・陶晴賢は、厳島合戦で毛利勢と戦いますが、そのとき、興盛は晴賢に従ったため、戦場で命を落とします。つまり毛利勢を指揮した父・隆元が、母の父・興盛の命を奪う結果になったのです。「母の心を慰めたい」。明星院には、輝元の深い哀悼の願いが込められています。

コラム 8

明星院と「赤穂義士」

明星院は、輝元が去ったあと広島城主になった福島氏や、続く浅野氏にも手厚く処遇されました。場所は、ＪＲ広島駅から北西へ歩いて10分の所にあります。

院内には、忠臣蔵で有名な「赤穂義士」の木像が安置してあります。この像が作られたのは、江戸後期から明治頃だといわれています。義士は播州浅野藩の藩士です。その藩士の木像が明星院にあるのは、芸州浅野藩が播州浅野藩の本家に当たる関係からだと考えられています。

五　島普請 ～デルタへの築城

「広島」の由来

ところで「広島」という地名は、どのようにしてつけられたのでしょう。

輝元は〝鍬初め〟を行ったあと、デルタ一帯を「広島」と命名しましたが、それは、祖先の大江広元以来、毛利家に伝わる「広」の字と、デルタを案内してくれた福島元長の「島」の字を合わせて作ったものだという説があります。

興味深い話ですが、真偽のほどは分かりません。「広島」という名前に格式を与えるために、知恵者が後付で考え出したものではないかとも考えられます。

一般的には、城が最も広い砂州に建てられたことから、人々は「広島」という呼び名を自然に口にするようになり、それがいつしか地名として定着していったのではないかと考えるのが妥当のようです。

「縄張り」は誰がした？

城の建物や堀など、建造物を敷地内にどのように配置するのか、その配置のことを当時は「縄張り」と呼びましたが、これは、地面に杭を打ち縄を張って配置を示したことに由来します。ちなみに、〝ナワバリ〟はヤクザの世界では、互いの勢力範囲を示す言葉として、今も使われています。

「縄張り」は軍事上の最高機密です。城が攻撃されたとき、城郭内部が敵に筒抜けだと、不利な状況に陥るのは目に見えています。ですから、縄張りは信頼できる人物にしか任せられません。

では、輝元は「縄張り」を誰に任せたのでしょう。二人の人物が考えられています。一人は豊臣秀吉の軍師、黒田孝高で、秀吉が派遣しました。監視の役目も担っていたのでしょう。城造り三名人の一人にも数えられており、秀吉から「天下をとれる力量のある男」と評価された逸話は有名です。

もう一人は、輝元の叔父、二宮就辰です。就辰は、元就が側室に産ませた子どもで、正室の子どもと合わせた関係でいえば、六男に当たります。側室が懐妊後しばらくして、元就はその側室を、家臣である二宮晴久のもとへ嫁がせました。大勢の兄の庇護《ひご》のもとで生きていくよりは、他家で独力で生きていく方が、就辰を鍛え、幸せにするだろうと考えたのかもしれません。

就辰は毛利氏の諸将から厚い信望を得る、立派な武将に育っていきました。輝元からみれば、就辰は叔父といっても4歳年上なだけですから、叔父と甥というよりは、心を開いて何でも話せる兄貴分といった存在だったのではないでしょうか。なお、広島城の建設地として広島デルタを勧めたのは、就辰が最初であったといわれています。

孝高と就辰のどちらが縄張りを行ったのか、はっきりしたことは分かっていません。ただ、就辰が秀吉のメンツを重んじて、孝高の意見を尊重しながら仕事を勧めたことは当然考えられることです。

輝元の島普請

輝元がデルタ開発に乗り出したとき、そこにはすでに五つの村が形成されていたことはふれましたが、その砂州は水に影響される不安定な土地でした。この土地に町をつくるためには、それに耐える強固な地盤につくり変えなければなりません。そのために川底の土砂をさらい、川べりに積み上げ叩き固める作業が続けられました。輝元はこの土木作業を「島普請」と呼びました。

これは大変な作業でした。せっかく積み上げても、水で流されて徒労に終わることがしばしばだったからです。輝元は、普請奉行の二宮就辰に次のような手紙を書き送っています。

「世上のおもわくはこの建設を嘲っているがこの「島普請」は是非とも仕上げたい」（『新修広島市史 第二巻 政治史編』、広島市役所、1958年）

水の流れに翻弄されるデルタに城や町を築くということが、当時は全く無謀だと思われていたことが分かりますが、それと同時に輝元の強い意志が伝わってきます。しかし、島普請が終わったからといって、すべての建物が建てられるわけではありません。天守閣や本丸などの重量建築物を建設するためには、いっそうの地盤強化が必要でした。

広島城の場合、どのようにして地盤を強化したのでしょう。

広島城の内堀の水は、昭和20年代頃まで涸れることはありませんでした。ところが昭和30年代に入った頃から水位が下がり始め、1963（昭和38）年には、ほとんど干上がってしまいました。そのため石垣の基礎が空洞化し、崩れ始めたのです。周辺での相次ぐビル建設が原因だと考えられています。

これを受けて、1969（昭和44）年から1970（昭和45）年に石垣の保存工事が行われました。この際に、本丸や二の丸の石垣の基礎に「胴木」（松の丸太）があるのが分かりました。これによって軟弱な地盤を強固にし、石垣の崩壊を防いでいたのです。しかし、広島城の石垣の基礎すべてに胴木が使われていたわけではなく、天守台の石垣の下には「胴木」は見つかっていません。

この「胴木」について、『広島城四百年』に次のような記載があります。

「松の丸太は水中では腐りにくいが、常水面より上の地中では朽ちやすい。そのことは三十八年の堀の枯渇でも証明された格好だが、天守台は常水面上にあるので、胴木が使われなかったのだろう」（中国新聞社編『広島城四百年』、第一法規出版株式会社、１９９０年）

つまり、松の丸太は水に浸かっていれば腐りにくいですが、水がないと朽ちやすいという性質を持っており、そのことを当時の職人たちは知っていたのです。天守台は水面より高い所にあるため、胴木は使われなかったと考えられます。

では、天守台の地盤はどのようにして固めたのでしょう。その方法は単純でした。何層にもわたって土を盛ってはたたき固める方法です。しかし、天守閣の重量に耐える地盤固めをするには、相当の労力を要したと思われます。

当時、土木機械はありませんから、工事はすべて人海戦術です。そのため、労働者の徴用は大規模に行われたと考えられます。西国各地の村々から多くの人員がかり出されたでしょう。労働者のほとんどは農民です。当時、農民は税のほかに、労働奉仕（夫役）も義務づけられており、大きな負担を背負わされていたのです。「広島城では労働者が逃走した記録がある」（前掲書）といいます。

一方で、次のような記録も残されています。

「工事の監督には輝元自身が当り、（中略）石組の石は小さいのでもよいからできるだけ多く集めねばならぬとか、普請場の米は戸坂米を使うようにとか、また村々から夫役として集められた人夫の扱いに気を配ったりして熱心に工事の進捗につとめている［二宮家譜録］」（『新修広島市史 第二巻 政治史編』、広島市役所、1958年）

輝元の、築城への並々ならぬ意欲を伝える文書といえます。

ところで、築城には相当な費用がかかったと思われます。輝元も、資金の調達に苦労したことでしょう。「できるだけ多くの米と銀子を集めたいがそれには領地を抵当として借りたいとまでいつている（萩市田辺竹次郎氏所蔵文書）」（前掲書）といった文書が伝わっています。莫大な費用のしわ寄せは、結局は増税という形で庶民が担わされたと考えられます。

広島城、いつ完成？

毛利輝元は1591年、広島城の本丸御殿に入りました。築城工事に入ってから3年目です。しかし、この時点で広島城がすべて完成していたわけではありません。本丸殿舎をはじめ、石垣などの工事が続けられていたからです。

毛利氏が落成式を開いたのは、1599（慶長4）年の正月です。〝鍬初め〟の儀式を開いてから10年が経っていました。しかし、これで広島城が最終的に完成したわけではありません。毛利氏時代の工事がひと段落したにすぎません。というのも、輝元が広島を去り、その後入城した福島正則が、城郭の拡張工事を始めたからです。

正則の後、城主は浅野氏に変わりましたが、城の工事には手を出しませんでした。江戸幕府が固く禁じたからです。ですから、広島城が最終的に完成したのは、福島氏時代（１６００～１６１９年）ということになります。

コラム9 二宮家とその子孫

元就の家臣となった二宮就辰は、馬木村（広島市東区馬木）に給地を与えられました。現在は住宅街の中ですが、就辰が屋敷を構えた跡地には、今も石垣が一部残っています。石垣には、「馬木郷土史愛好会」が屋敷跡を示す説明板を掲げ、就辰の功績を讃えています。また馬木には、１５８７（天正15）年に就辰が社殿を改築したと伝えられている、馬木八幡神社（旧亀山八幡宮）が今も健在です。さらに就辰は、灌漑用の池を開削し、田畑の開墾に力を注いで、地域農業の振興を図りました。

１６００年、関ヶ原で敗れた毛利氏は、防長に移封されます。このとき就辰を中心とする二宮家本流は毛利氏と行動を共にしました。一方で、就辰の養父・晴久と就辰の母との間に生まれた子の系統は、そのまま馬木にとどまり、その血脈を保ってきました。その後、明治時代になって屋敷・田畑を三篠町（広島市西区）に得て、今日に至っています。

この子孫の中から、広島金融の発展に貢献した金融マンが出ました。広島信用金庫（広島市中区）の理事長を最後に、70年にわたる金融人生を終えた二宮實《みのる》氏（１９１４～２００９年）です。實氏は１９５２（昭和27）年、広島信用金庫の八丁掘支店長（広島市中区）に抜擢され、強気の融資を続けました。戦後復興を成し遂げるためには、金融支援が欠かせないとの信念からです。實氏らの積極融資は、広島信金が中国地方の信金トップとなる基礎を築きました。

實氏には3人の弟がいました。末弟が、二宮義人《よしと》氏（１９２３～２０１０年）です。義人氏は、母校である広島高校野球の名門、学校法人広陵学園 広陵高等学校が経営の危機に瀕しているとき、要請を受けて校長に就き、学校を見事に復活させました。母校の窮状から目をそらすことができなかったのです。

広陵野球部は、1926（大正15）年、春の第3回全国中等選抜大会で優勝。以来、1967（昭和42）年にかけて春夏の全国大会で通算5回の準優勝にも輝きましたが、その後低迷。また、1973（昭和48）年、教育環境を改善するため、キャンパスを沼田町（現在の広島市安佐南区伴東）へ移転しますが、交通の便の悪さもあって、生徒数は減り続けます。それればかりか、学園内の荒廃は目を覆うばかりとなっていきます。義人氏が校長に就いたのは、そんな1977（昭和52）年でした。

まずは低迷していた野球部の復活に力を入れます。そして3年後には、春の甲子園に出場を果たします。この頃から生徒数は増加の傾向を見せ始め、キャンパスの雰囲気も明るく秩序あるものに変わっていったといいます。義人氏は、『中国新聞』の特集「生きて」で、「今、うちを訪れた人たちは『生徒のあいさつが気持ちがいい』と一様に感心する。褒めてくださる」と語っています（『中国新聞』2009年8月1日)。

義人氏は、1987（昭和62）年からは理事長を務め、2008（平成20）年にその職を退きました。

医療・福祉の分野で地域に貢献している子孫もいます。實氏や義人氏の甥に当たる、医師の二宮正則《まさのり》氏（2019年現在、65歳）です。正則氏は「医療と介護の切れ目のない連携」を理念に掲げ、医療法人社団「恵正会」と社会福祉法人「正仁会」を運営しています。

医療は、それだけではお年寄りの生活を支えるには不十分です。適切な食事と運動、十分な休養、それをサポートする福祉が充実して、はじめて健康的な生活を送ることができます。正則氏はこの点にいち早く注目しました。高齢社会において、医療と福祉は切り離して考えられないとして、最初に医療法人、少し後に社会福祉法人をスタートさせたのです。中国地方では先駆的な試みだと評価されています。

これら二つの法人が運営する施設は、可部・落合周辺（広島市安佐北区）にあり、2019年12月現在その数は医療・福祉合わせて26か所、スタッフは約500人に及びます。

さらには、食料資源のムダ（食品ロス）を減らそうという世界的な動きに共鳴し、全国に先駆けて企業の社会的責任（CSR）として、フードバンク事業、NPO法人「あいあいねっと」[注2]を支援したのも、正則氏の先見の明によります。

（注2）NPO法人「あいあいねっと」は2007年に設立し、2017年より社会福祉法人正仁会「フードバンク事業あいあいねっと」に改称しました。「フードバンク」とは、食品関連事業者や農家、個人から食品ロスを無償で寄贈してもらい、それを必要とする団体に無償で分配する活動です。「あいあいねっと」はフードバンクを基幹事業とし、食品ロス削減、食品ロス有効活用を行い、誰もが尊厳を持って生きることのできる地域社会づくりを目指し、さまざまな活動を展開しています。

第六章　広島城の建設と城下町の形成

～現在の街並みに面影をたどる

一　広島城の建設史

広島城はその城郭の広さが「方八町《ほうはっちょう》」と呼ばれ、中四国随一の規模を誇りました。城郭の一辺の長さが、ほぼ八町（約８７２ｍ）あったのです（1町＝60間、約１０９ｍ）。[注3] その規模は、絵図によって知ることができます。浅野藩が１６４６（正保３）年、幕府に提出した「安芸国《あきのくに》広島城所絵図《ひろしまじょうしょえず》」が最終の規模を示しています（図23）。この絵図などをもとに、広島城建設の歴史を毛利氏時代と次の福島氏時代の二つの時期に分けてみてみましょう。

毛利輝元時代

毛利氏時代、城郭（城の敷地）の周辺は、すべて堀で囲まれていました。それより外は城下町です。東辺と南辺は外堀までが、西辺は中堀までが、そして北辺は内堀までが城郭でした。

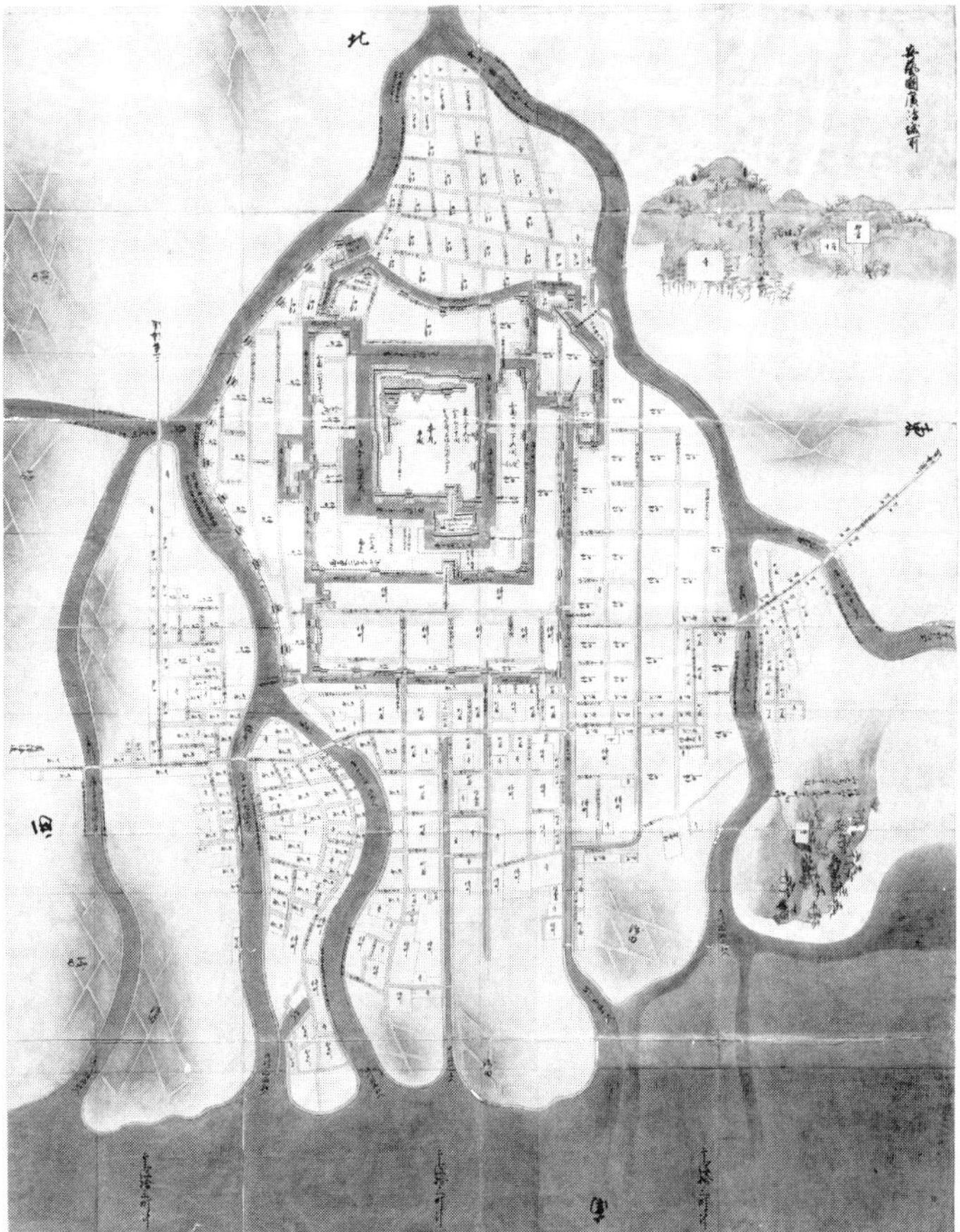

図 23　安芸国広島城所絵図（国立公文書館所蔵）

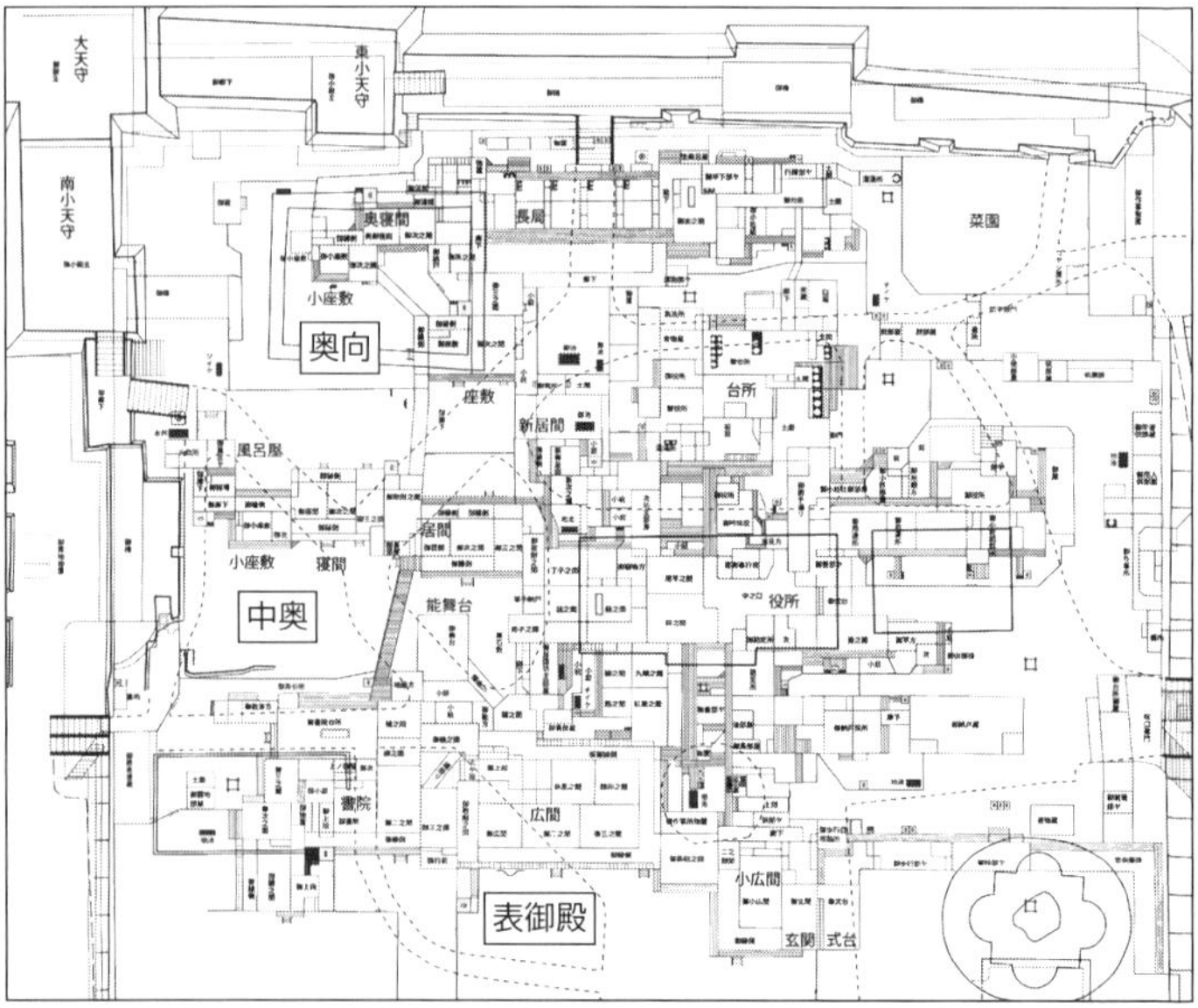

図24　「御城御屋形絵図」（浅野文庫・広島市立中央図書館所蔵）より作成した「江戸時代後期における本丸御殿」の図（所蔵元許諾の上、広報紙『しろうや！広島城 No.46』〈広島城発行〉より転載、四角囲みの文字は筆者）

●「本丸」

内堀で囲まれた所が、「本丸」と呼ばれる敷地です。本丸は、南北が１２０間（約２１８ｍ）、東西は95間（約１７３ｍ）で、地面の高い北部分とそれより低い南部分の二つに分かれています。北部分は約５０００坪あり、そこには大小多数の殿舎が建てられました（図24）。

　殿舎は用途に従って、大きく三つに分けられます。南の表向き殿舎、中奥の殿舎、そして奥向きの殿舎です。表向きの殿舎には、封建体制の儀礼的な対面などを行う表御殿がありました。中奥は、藩主が日常をすごす居室であり、藩政の決済を行う、いわば藩主の公邸です。また、役人が藩政実務を執る役所もありました。そして、奥向きの殿舎は、藩主の私邸と御殿女中の住居です。

重要な殿舎や天守を洪水から守るため、本丸の北の敷地は、南に比べて3ｍほども高く土盛りされていました。天守は本丸の北西角に建てられ、城下町を見張るためでもありましたが、それよりも、毛利氏の権力を誇示することが重要な目的だったと考えられます。五重の大天守を角地に設け、その東方と南方に三重の小天守を配置した壮大な構成を誇っており、三つの天守は広い廊下で連結され、小天守を通って大天守に行く構造になっていました（図24左上部分）。

写真８　現在の天守閣

大小三つの天守が立ち並ぶ構成は、関ヶ原以前ではほかに例がありません。「天下取り」を目前にして意気上がる秀吉が、乾坤一擲《けんこんいってき》の気合を入れて建設した大阪城の天守をもしのぐ、天下無双の姿をみせていたといわれています。１５９８（慶長３）年頃竣工したと考えられており、原爆で倒壊しなかったら、現存最古の天守になっていたのです。１９５８（昭和33）年に大天守だけが復元されましたが、これは広島市がその年被爆からの復興を祝って博覧会を開き、その記念として鉄筋コンクリート造りで再建したものです（写真8）。

●「二の丸」

本丸の南には、内堀に突き出た敷地があります。「二の丸」です。ここには表御門、平櫓《やぐら》、多門櫓、太鼓櫓が立ち並んでいました（写真9）。これらの建物も原爆で倒壊したのですが、1989（平成元）年、築城400年を記念する事業の一環として復元されました。

写真9　「二の丸」表御門

太鼓櫓では二階天井から太鼓が吊るされ、〝とき太鼓〟を打って城門の開閉時間を知らせました。本丸と二の丸をぐるりと囲んでいるのが、内堀です。幅の最も広い所は、53間（約96m）もあります。火縄銃が人を殺傷できる射程距離はおよそ100mとされていますが、その防御として、堀の幅を広くとって弾着に備えたのです。

●「三の丸」

二の丸の表御門から橋を渡ると、「三の丸」に入ります。毛利氏時代、三の丸がどのような様子であったのか、正確

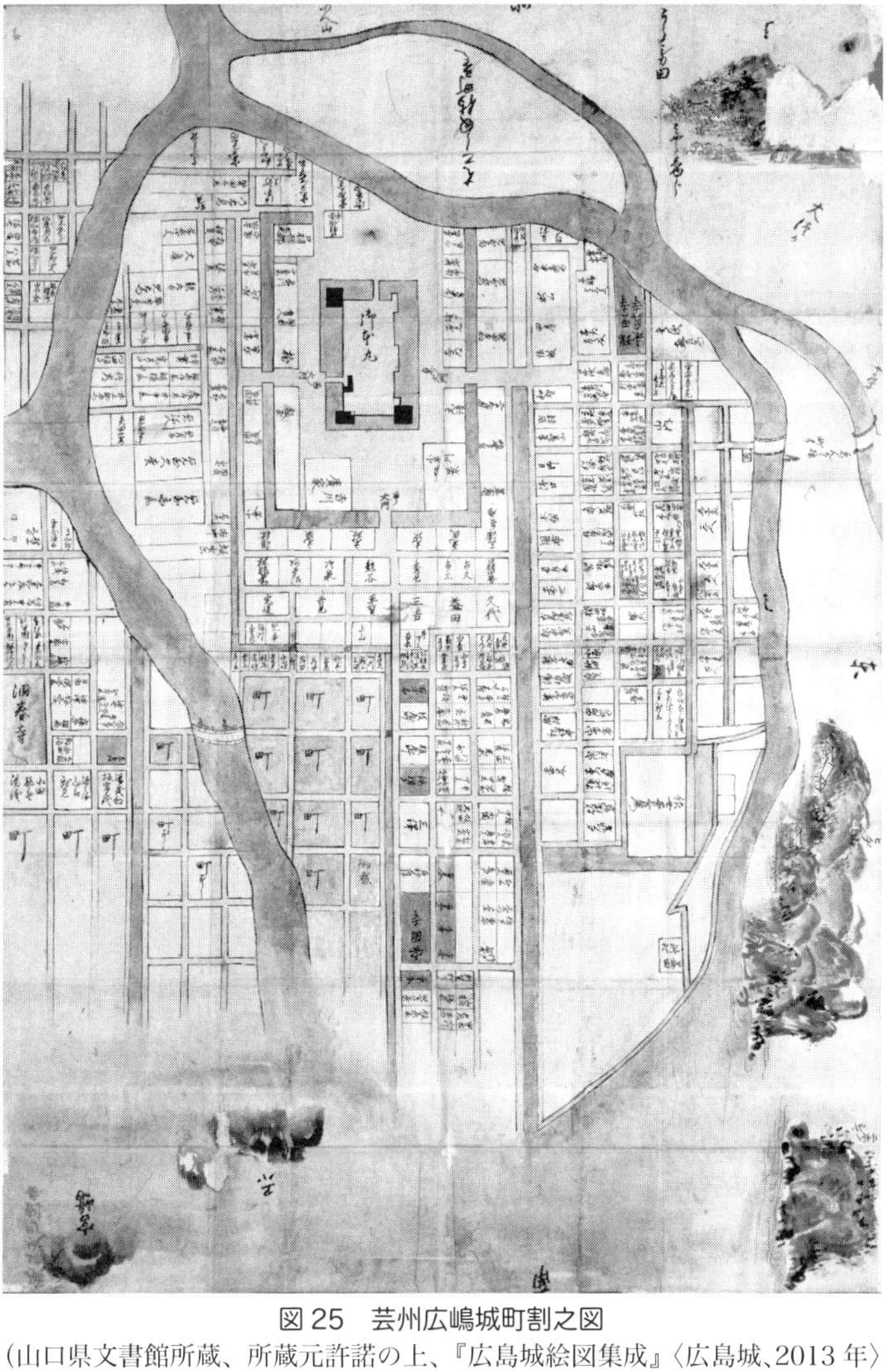

図 25　芸州広嶋城町割之図
（山口県文書館所蔵、所蔵元許諾の上、『広島城絵図集成』〈広島城、2013 年〉 p.5 より転載）

なことは分かりません。ただし、萩藩主毛利家に伝わる「芸州広嶋城町割之図」から推測することができます（図25）。

この絵図は、広島城下町の設計図として描かれた資料を元に、江戸時代中期以降に描かれたものと考えられており、毛利一族や重臣の屋敷が描かれています。三の丸は福島氏時代も、一族や重臣の屋敷地として利用されました。しかし浅野氏時代になると、公用地としての利用が増えていきます。

福島正則時代

関ヶ原の戦いで西軍側だった毛利輝元は、敗戦後の1600年10月、幕府から周防・長門（山口県）への国替えを命じられ、広島を去っていきました。その後、安芸・備後（49万8000石）の統治を命じられたのが、福島正則です。

正則は、尾張出身の武将で、秀吉に仕えていました。しかし、秀吉の死後、石田三成と対立し、関ヶ原の戦いでは、豊臣方（西軍）の大名でありながら徳川方（東軍）に属し、勝利に貢献しました。徳川家康は、その論功行賞として、正則に安芸・備後の両国を与えたのです。正則は着任後すぐに城普請に取りかかり、1601（慶長6）年の正月から、家老をはじめ家臣総出で城普請を始めたと伝えられています。お屠蘇《とそ》気分も抜けないうちから働き始めたというのですから、正則以下、武将たちの城造りに対するやる気が伝わってきます。正則が取り組んだのは、城郭の敷地を拡張する工事です。城郭の北辺と西辺の2か所で工事は行われました。
どのような工事が行われたのでしょう。

●「北辺の拡張」

正則が入城したとき、城郭の北限は内堀までで、それより外側が城下町でした。その城下町の堀に近い所では、内堀に沿うような形で城北川が東向きに流れていました。城北川は本川（佐東川）に架かる三篠橋より少し南の地点から分かれて、京橋川に架かる常盤橋のたもとに流れ込んでいました。

1617（元和3）年、広島城下町は大雨に見舞われ川が氾濫し、洪水は広島城の城郭にまで流れ込み大損害を与えました。正則は復旧工事に入ります。そのとき、城北川の流れをせき止め、堀に造り替える工事を行いました（図26）。そして堀までの土地を城郭の敷地にしたのです。

この城郭拡張と堀の新設は、それまで内堀しかなかった北辺の防衛を強化することに大きな目的がありました。それに加えて、城郭地と町との行き来も便利になりました。川をせき止めたことで、広島城側の砂州と箱島の砂州が陸続きになったからです。

一方で復旧工事に際しては、現代では考えることもできない、恐るべき改修が行われました。正則の時代、家臣である二宮平八の提案で、城郭に近い川土手を、外側の土手より三尺高くしたという話が伝わっています。川の両岸で、堤防の高さを変えたのです。城郭側の堤防を高くし、城下町側の堤防を低くすることで、洪水などで川の水があふれたとき、水は堤防の低い城下町側に流れ出し、城郭側は水の被害を受けないという計算です。私たちには到底考えられない非常手段ですが、当時はそのような手段をとらざるを得ないほど、洪水に悩まされてい

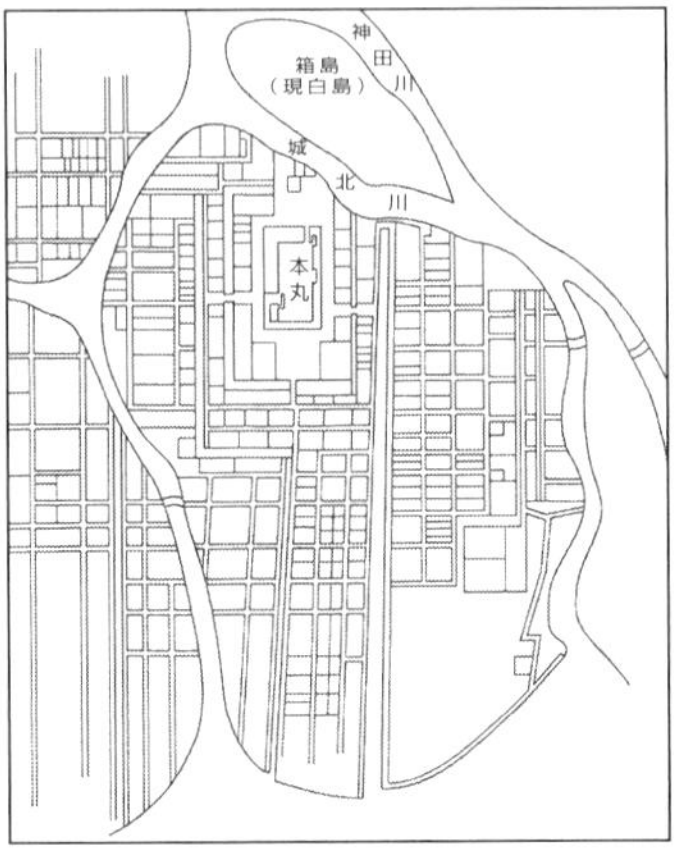

福島正則の治水工事前の広島城下
(1595 年頃)

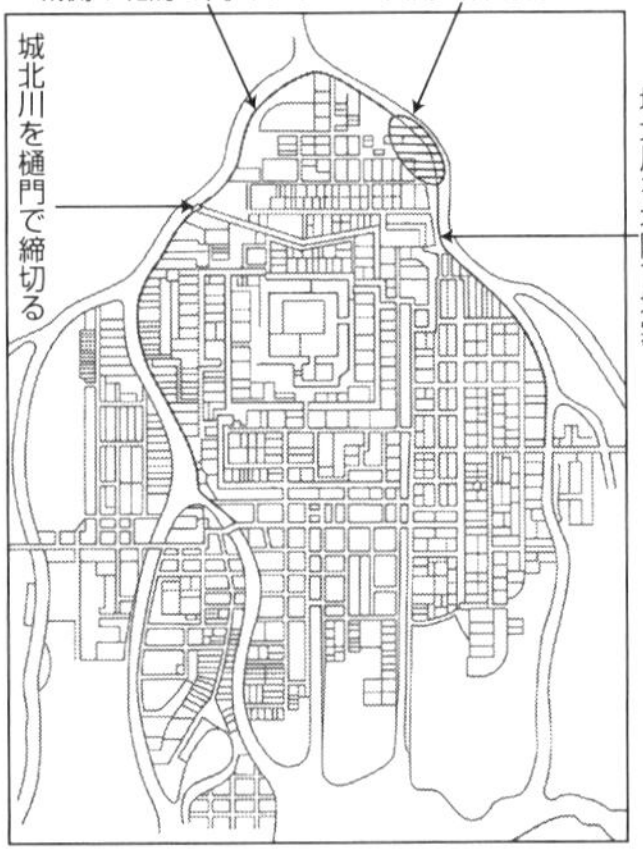

福島正則の治水工事後の広島城下
(1630 年頃)

図 26　福島氏時代の治水概略図
（出典：国土交通省 中国地方整備局
太田川河川事務所）

たということでしょう。

このような対策は、浅野氏時代の大洪水（1653年）の復旧工事でも行われました。高低差の多い所は8尺、平均で3～4尺と推定されています。なお、このときの洪水被害は凄まじく、流失家屋は5140軒、死者は5000人に及んだと伝えられています。また、その復旧には大勢の町民が徴用され、費用は藩費の4割を超えるほどだったといいます。

●「西辺の拡張」

毛利氏時代、城郭の西端は中堀でした。正則は、この中堀からさらに西を流れる本川までを城郭に取り込む拡張工事を行いました。川を外堀に見立て、西の防衛に利用しようとしたのです。

北辺と西辺で外郭を拡張した結果、広島城郭の総面積は毛利氏時代に比べて2倍にも広がり、拡張された外郭の周辺には、新たに22基もの見張り櫓台が建てられました。広島城は「日本三大平城《ひらじろ》」の一つですが、その櫓数が多かったことでも知られています。最も多いときで、合計88基もあったといいます。この数は熊本城・岡山城・姫路城などとともに、全国最多のレベルを誇るものでした。「図27」の「安芸国広島城図」（1701年に広島藩が幕府に提出した絵図の写し）では、多数の櫓が一つひとつ描かれており、その多さがよく分かります。

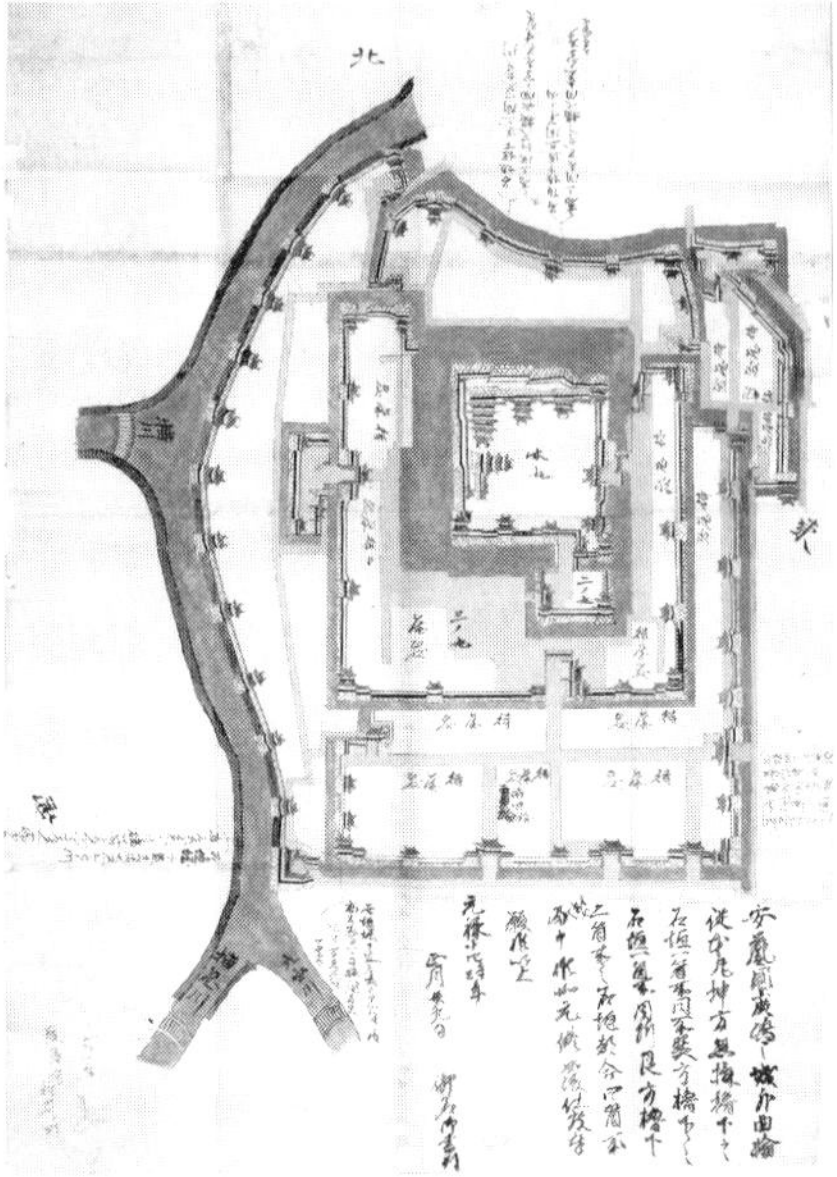

図27　安芸国広島城図（広島城所蔵）

城郭面積

広島城の城郭面積は、正則の拡張工事が終わった段階で確定しました。城郭面積は90万㎡に及び、中四国随一を誇る巨大城郭になったのです。ちなみに、九州には加藤清正が築城した熊本城がありますが、その面積は98万㎡です。清正は藤堂高虎、黒田孝高とともに築城三名人に数えられています。「大坂夏の陣」で徳川家康に焼き払われた、秀吉の大阪城は330万㎡と屈指の規模を誇りました。家康の江戸城は、高虎が縄張りをし、面積は230万㎡です。

先にもふれましたが、広島城の城郭は、一辺の長さがほぼ八町でした。この長さから江戸中期には、城郭のことを「八町内」とも呼びました。また東側外堀の京口御門から西の小姓町口御門にかけては大路が通っていましたが、それを八丁（町）馬場と呼んでいました。こちらも長さが八町あったからです。

（注3）本書では、1間＝1・818mで計算しています。

コラム10

「本丸」に「大本営」

明治時代に入ると、本丸御殿の役割は終わりました。1874（明治7）年、御殿は失火によって全焼し、その跡地には広島鎮台（陸軍）が置かれました。1894（明治27）年には、日清戦争のための「大本営」が置かれ、明治天皇がそこで最高指揮を執りました。現在、本丸上段の中央には洋風建築の石造基礎が残されていますが、それが大本営の建物の跡です。

本丸の南半分は、時代が下った江戸時代、本丸馬場として利用されました。現在は護国神社が建てられていますが、第二次大戦後に移転してきたもので、広島城とは関係がありません。

二　広島城城郭の位置

城郭北西角の調査

広島城の城郭（図28）が、現在の広島市街のどこに位置していたのか、正確な場所を知りたいと思いませんか。現在、私たちが城郭の位置を確認できるのは、内堀だけになってしまいました。実は中堀や外堀は、藩幕政治が終わって明治へと時代が移っても、まだその姿を残していたのです。しかし明治の末期、埋め立てられてその姿を消してしまいました。広島市にも近代都市交通として電車が必要だとの声が高まり、軌道用地に転用されたからです。また、堀が無用の長物と化し、水質の悪化で異臭を放つようになったのも、埋め立てられた理由です。

埋め立ては、1909～1911（明治42～44）年にかけて行われました。埋め立てによって、広島城郭の位置や規模を知る手がかりは、絵図か明治時代の市街地図だけになってしまいました。これらを参考に発掘調査をすれば、城郭の正確な位置をつきとめることができるのですが、建物が密集した現在、そんなことができるわけもありません。なんらかの土木工事に併せて発掘調査をするしかないのです。

広島市の中心部と郊外を結ぶアストラムラインの建設計画が発表されたとき、城郭北西角の位置が確認できるのではないかと期待がかかりました。軌道が広島城郭の北西角辺りを南北に走るからです。1991～1992(平成3～4)年、工事に先駆けて発掘調査が行われました。

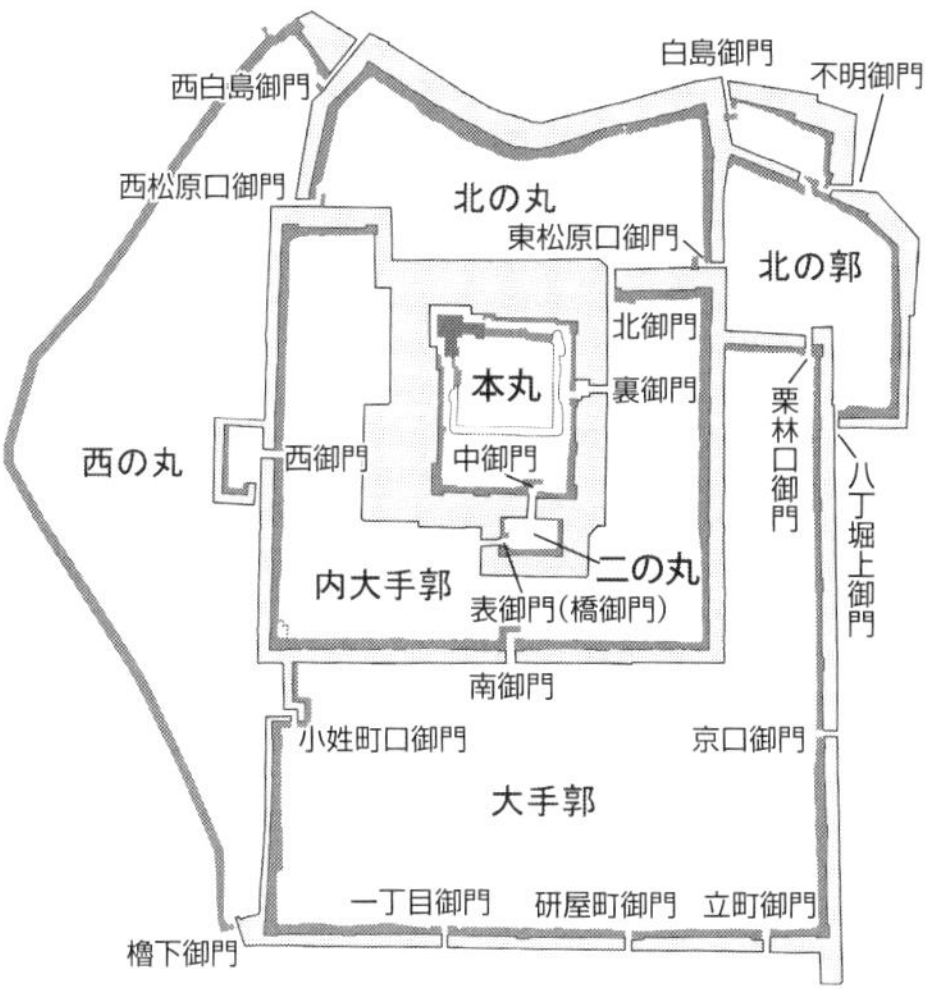

図28　広島城の郭と門（広島城所蔵）

調査に当たったのは、広島市歴史科学教育事業団（以下、事業団）です。調査は、当時城北駅予定地の北にあった、西白島交差点（現 城北駅北交差点）部で行われました。事業団の報告書によると、この時の調査で、北西隅櫓台石垣跡と堀北際の石垣列跡が確認されました。また、城郭北辺の形状が、安芸国広島城所絵図（図23〈P169〉）などに描かれているものと概ね一致していることも確認されています。絵図では北辺の外堀がゆるやかに湾曲して描かれていますが、その形状と発掘された遺構との整合性が認められたのです。さらに、城郭北西隅の折れ曲がり部が、現城北駅北交差点付近にあったことも検証されました（『財団法人広島市歴史科学教育事業団調査報告書 第9集 広島市中区西白島町所在 広島城外堀跡西白島交差点地点』財団法人広島市歴史科学教育事業団、1993年）。

城北駅北交差点を通って東西に走る城北通りは、白島交差点を越えて常盤橋へと向かいます。なぜか道路は直線ではなく、中ほどで「く」の字のように折れ曲がっています（写真10）。わずかな距離ですから直線にすればよいと思うのですが、そのようにはなっていません。不思議に思っていましたが、その理由が分かりました。

写真 10　白島交差点付近から城北通り（西）を臨む

城北通りは、福島正則が造った堀付近を埋め立てて整備されました。堀が中ほどで「く」の字に折れ曲がっていたため、道路も折れ曲がっていたのです。工事に際して何らかの理由があって、折れ曲がりの影響を排除できないまま埋め立てるしかなかったのでしょう。

相生通り（南外堀）

城郭の南を東西に走る外堀は、市街地のどの辺りを走っていたのでしょう。南側の外堀は相生通りがその位置だとされてきたのですが、この説にはよく分からない点もありました。

１８７７（明治10）年に陸軍測量部が作成した「広島城之図」に着目して、それを検証した試みがあります。「広島城之図」には、広島城の建物や堀などの位置が、１２００分の１の縮尺で描かれており、この図と事業団による発掘成果とを比較し、どの程度の誤差があるかを把握した上で、広島城南側の外堀の位置が考察されています。それによると、外堀は従来の説通り、相生通りにあったと考えられるのです。

「北岸が現電車軌道の中心あたり、南岸が相生通り南面に立ち並ぶビル群の北面あたりである。いずれにせよ、広島城の南側外堀跡は相生通り内に位置するものと考えてよかろう」（『歴史群像・名城シリーズ⑨ 広島城』、株式会社学習研究社、１９９５年より大室謙二「広島城の規模を探る」）。

南外堀には、３か所に城門がありました（図28〈P181〉）。西にあったのが「一丁目御門」。現在のメルパルク広島とそごう広島店の間辺りです。中央の門が「研屋《とぎや》町御門」（真鍋御門）で、大和証券ビル辺りです。そして東の門が「立町御門」で、立町電停付近にあったと考えられています（図29）。

図29　中堀・外堀の南側と東側（現在の地図に掘、門などを記載）

東側外堀

2005（平成17）年に、「広島城跡法務総合庁舎地点」の発掘調査で、東側外堀の石垣列が確認されました。白島線が走る白島通りから、道一本分程度西側になります。

東側外堀は長さが八町あったことから「八丁堀」と呼ばれました。東急ハンズの南正面口に近い歩道には外堀跡を示す石柱がありますが、そこから北へ少し向かうと、京口門バス停があります。「京口御門」があった所です。そのバス停から北へ向かうと広島法務総合庁舎ですが、この辺りが東外堀の北端と考えられています。

三の丸〜中堀〜外郭

「三の丸」南部の東西に伸びる敷地は、現在「城南通り」になっています。三の丸の敷地を囲んでいた中堀は埋め立てられ、その姿を消しました。

東中堀の跡には、広島合同庁舎や広島高等裁判所などが建てられました。南中堀の跡には広島翔洋テニスコートが、また西中堀のあとには、市営基町高層アパートが立ち並んでいます。

中堀周囲の外側に広がる敷地は「外郭」（大手）と呼ばれ、ここには上級・中級藩士の屋敷や藩の役所が建てられていました。このうち南側の外郭には、浅野氏時代、上田家や浅野家など藩重役の大邸宅が並んでいました。現在、上田家の跡地には広島県庁が、浅野家の跡地には市立中央図書館が建てられています（図29）。広島市民病院辺りには御厩《おうまや》（馬屋）がありました。病院と県庁の間の東西道路は、先にふれた八丁馬場で、外郭の中心街路でした。

三　毛利氏、広島城下町建設へ

町割り（都市計画）

町の都市計画は「町割り」と呼ばれましたが、広島城下町の町割りは、尾長山の麓にある「端川寺《ずいせんじ》」（現 聖光寺、東区山根町）で行われたと伝えられています。

ＪＲ広島駅の北口を一歩出て北東に目をやると、ビル越しに山が連なります。北西から二葉山、尾長山が続いています。瑞川寺は尾長山の天神谷にあり、広島築城にまつわる逸話や町割り、それに広島命名の次第を書いた「瑞川寺縁起」が所蔵されています。

町割りの責任者には、広島城の縄張りを担当した普請奉行の二宮就辰が任命されました。ほかに、出雲の尼子家盛の家臣で平田（島根県出雲市）に住んでいた「平田屋惣右衛門《ひらたやそうえもん》」が招かれ、町割りに参加しました。

どんな町割りができたのか、その内容を知る手がかりが、先ほどふれた「芸州広嶋城町割之図」（図25〈Ｐ１７３〉）です。この絵図は城下町の計画図を元に描かれたことから、現実にできた町とは様相が異なりますが、町割りの考え方はうかがうことができます。それは、町人町と武家地とを完全に分けようとしたことで、秀吉が京都の都市改造で行った町割りを倣《なら》ったものです。絵図を眺めて一目で分かるのは、町人町に比べて武家地の割合が圧倒的に大きいことです。

どうしてそうなったのでしょう。輝元が広島城下町を建設した目的の一つが、手元に家臣を集住させようという狙いにあったからです。これまでの郡山城時代は、家臣は耕作地に縛られて城下から遠く離れた所に住んでいました。そのため、いざ出陣となり動員命令をかけても集合するのに時間がかかり、初動で遅れをとる作戦的な不利がありました。この不利を解消しようと、家臣を集住させたのです。その結果、武家地が圧倒的に多い城下町ができたというわけです。

その割合は城下町全体の8割にも上りました。このため広島城下町は、「武士の城下町」ともいわれたのです。武家屋敷の配置は、藩主のいる本丸を中心にして、その周りに重臣の武家屋敷が軒を構え、そのあと同心円状に外へ外へと下級武士の屋敷が広がっていきました。

町人町

商人や職人が住む町人町は、広島城郭の南方と西南方に造られました。南方の町は、城郭の大手門に向かう、白神通りをメイン道路に構成された町で、西南方の町は、白神通りの町から元安川を渡った西側の砂州に造られた、中島本町です。

まず、白神通りの町からその構成をみていきましょう。

江戸時代初期の寛永年間（1624〜1644年）に描かれた「寛永年間広島城下図」（図30）を見ると、一目瞭然です。南北方向の白神通りと、これに直交する東西方向の道路（横道）によって、一つのまとまりのある町が造られています。白神通りには、北の一丁目から南の五丁目まで、五つの町が並びました（のち、六丁目まで）。

白神通りは、現在の大手町通りに当たり、北端にエディオンのビルが建つ通りです。白神一丁目と白神二丁目の間を通る東西道路は、「横道」と呼ばれましたが、その横道が現在の本通りです。この横道は、福島氏時代（1600〜1619年）西国街道に指定され、一層の賑わいをみせていきます。参考までに、横道とは城の表御門に平行して走る東西方向の通りのことです。これに対して、表御門に突き当たる形の南北方向の通りは、「縦道」と呼ばれました。そして横道沿いに並ぶ町を「横町」、縦道沿いの町を「縦町」と呼びました。縦町（立町）は、今も広電・立町電停から南に入った所に健在です。横町は今はありませんが、明治前期の「広島市街明細地図」（図31）では、本通りの西（現在工事中のアンデルセン辺り）に、その名前を確認することができます。

図 30　寛永年間広島城下図（広島城所蔵）

白神通りの町

白神通り沿い（白神筋）には、城下町でも格上の町人が屋敷を構えました。その中でも、豪商と呼ばれる有力町人が屋敷を構えた所が、本通りをはさむ白神一丁目と二丁目です。この辺りは、広島城下町を代表する町といってもよいでしょう。

図31　横町周辺（明治前期）
（「広島市街明細地図」〈部分〉、広島城所蔵）

毛利氏時代から半世紀下った承応期（１６５２～１６５５年）の絵図、「承応町切絵図」で、白神一丁目を見てみましょう（図32）。北門側に猿楽《さるがく》町、東に紙屋町之内、そして西には細工町と、通り町の名前が書かれています。各家の敷地の広さやその形が細長いことも、一目で分かります。通りには「家数弐拾五軒」と記されていますが、これは、白神一丁目の家数が25軒であることを示しています。その内訳ですが、間口が5～16間が16軒、内5間の家が7軒を占めています。

この町の代表〝年寄〟は、萬屋長右衛門ですが、

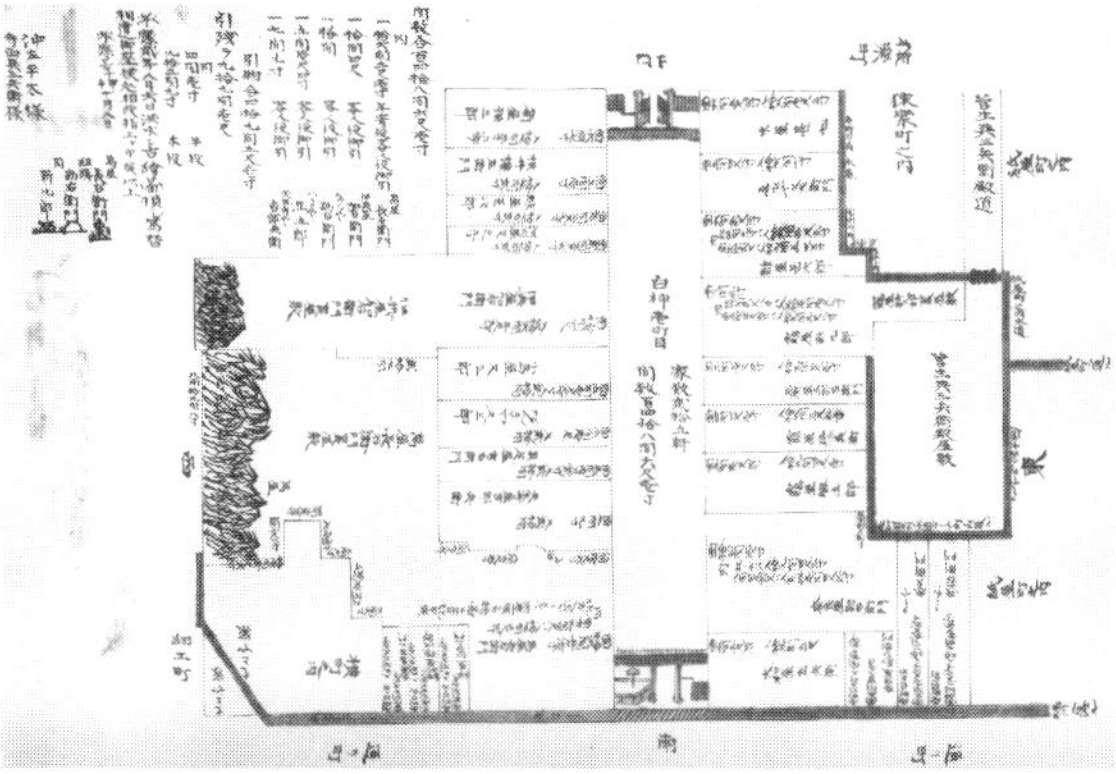

図 32　「承応町切絵図」のうち「白神一丁目」（広島市立中央図書館所蔵）

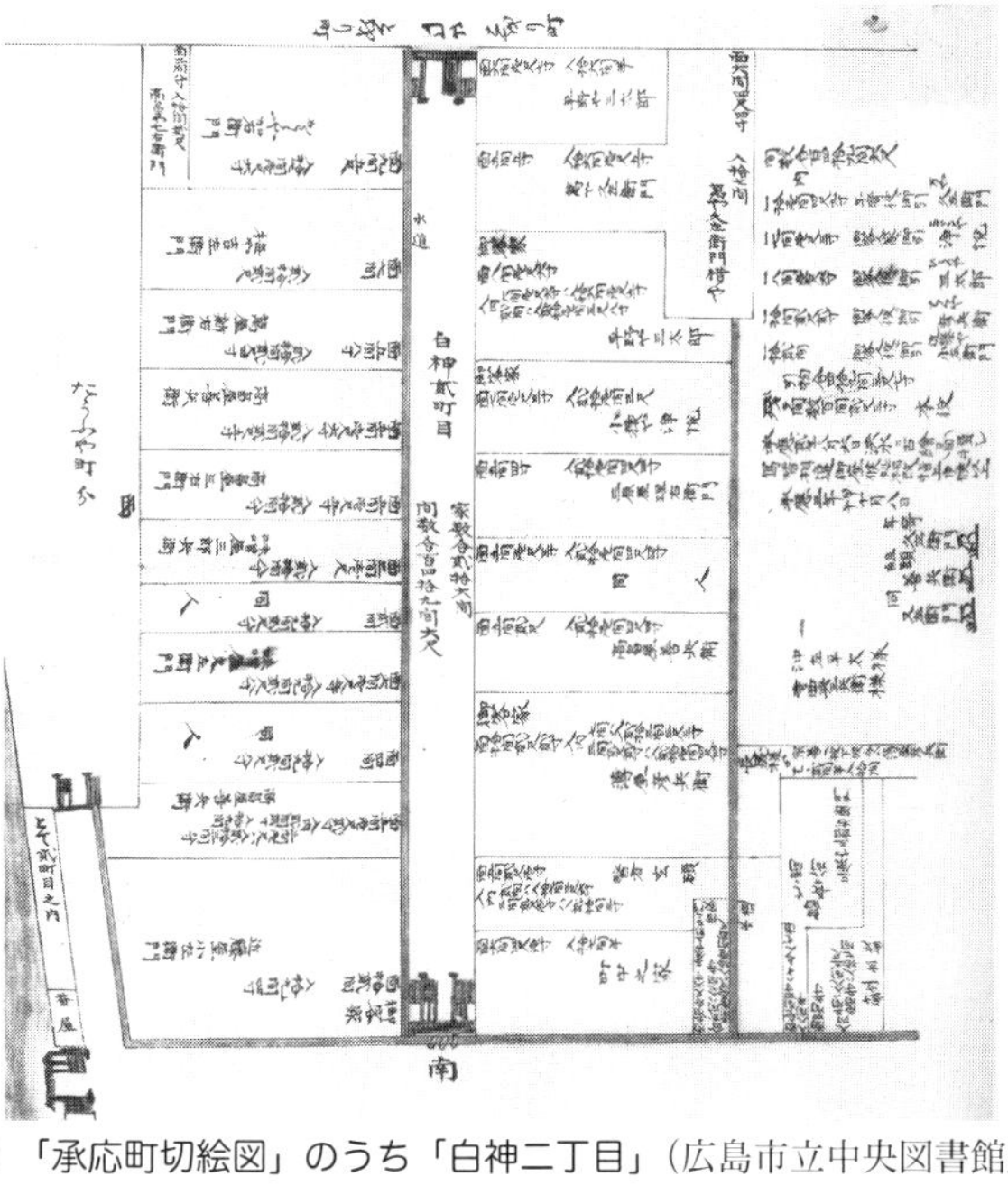

図 33　「承応町切絵図」のうち「白神二丁目」（広島市立中央図書館所蔵）

敷地の間口は16・5間、およそ30ｍもありました。奥行きは、さらに長い17・3間でした。萬屋は道路に面した広い敷地のほかに、その倍の広さの裏屋敷も持っているのが分かります。松本四郎氏は『城下町』の中で、次のように述べています。

「萬屋は白神一丁目の年寄であり、白神組の大年寄をも兼ねている大家であるが、大きな裏屋敷などに御客家を設けていたことがわかる。この御客家というのは幕府巡見使や他藩の使者などの接待に使われていたものであろう。（中略）白神一丁目で間口七間以上の六家のうち一つを除いてすべてが御客家を設けて藩の御用を勤めている」（松本四郎『城下町』、株式会社吉川弘文館、2013年）

白神一丁目の街路は今の大手町通りで、南端は本通りですから、誰もが知っている所です。大手町通りと本通りが交差する交差点の北西角には喫茶店（サンマルク）が入るビルがあります。通りに面するビルぎわは、萬屋屋敷の表間口に当たる所だったに違いありません。辺りをブラつけば、まぶたに忽然と豪勢なお屋敷が浮かんでくるかもしれません。

白神二丁目には、一丁目に次ぐ家格の町人が住んでいたと考えられます。「承応町切絵図」の「白神二丁目」では、間口7間以上の町人の地面に「御客家」と記されています（図33）。

白神三丁目は、一丁目や二丁目とは違い、西国街道には面していません。家数は一丁目や二丁目に比べて増え、間口もやや狭くなっていました。職人が多く住んでいましたが、備後出身で代々大年寄りを勤めた酒造家、三原屋も屋敷を構えていました。その広さは三丁目町内全面積の25％を占めていたといいますから、驚きです。白神三丁目は、現在、大手町第一公園がある区画辺りです。

白神筋は一丁目から六丁目まで続きますが、六丁目ではさらに敷地の間口が狭まり、職人が増えていきます。特に大工が多く住んでいたエリアでした。白神六丁目は、現在の大手町三～四丁目辺りになります。

白神通りの町に次ぐ町人町として早くから賑わいをみせたのが、中島本町や平田屋町など、西国街道沿いの町です。どちらの町も城下建設当時の有力町人が軒を並べていました。中島本町の町名は、「中島の本通り」であることに由来します。原爆によって壊滅的な被害を受け、現在は平和公園として整備されていますが、江戸時代から多くの人で賑わう繁華街だったのです。また、「平田屋町」の町名は、町割りに協力した、平田屋惣右衛門に因んで付けられたものです。本通りの「いとや」前辺りには、「西国街道 平田屋町」の銘板が埋められています。

天守を仰ぐ

白神通りは、広島城下町を代表する目抜き通りでした。その通りから眺める広島城はどんな姿だったのでしょう。「寛永年間広島城下図」〈図30〈P189〉〉を見ると、通りの真北に、天守閣が描かれています。通りに立った人は、おそらく豪華な本丸屋敷と、背後にそびえ立つ威風堂々の天守を仰ぎ見たことだろうと思われます。本丸の北半分の土地を一段高くした目的の一つが、天守などを際立たせ、立派に見せるところにもあったのは間違いないでしょう。このように、白神通りの延長線上に広島城と天守を配置した設計は、権力誇示を計算に入れたものでした。同様の配置方法は、吉田・郡山城でも行われたといいます。吉田城下町から広島城下町へ、その町づくりの考えは一貫していたのです。

町人参加の町づくり

広島城下町は、人々の長い暮らしの営みが積み上がって、自然にそして徐々に形成された町ではありません。毛利輝元という一人の権力者が決断を下し、ほんの数年で建設された、いわば人工都市です。ですから、将来の発展が期待できるのかそうでないのか、誰も見通せないいま、不安を抱えてスタートした町でもありました。そんな町にやってきたのは、どんな人だったのでしょう。そして、どこからやってきたのでしょう。

興味あるところですが、このような点について記録した史料は、ほとんどありません。そのため、『知新集』をもとに各家の由緒書きを調べて、出自を割り出そうとしたのが、後藤陽一氏（1913〜2002年、広島大学名誉教授、広島修道大学名誉教授）です。

それによると、「尾道や廿日市など既成の商業都市で財をなしていた大商人はほとんど来ておらず、大内氏や武田氏の旧家臣が各地を転々とした末にやってきたり、武士の庶子が商人になったりしたようなケースが目立っていた」（中国新聞社編『広島城四百年』、第一法規出版株式会社、1990年）といいます。

また、毛利氏が城下町を建設した狙いの一つが、家臣を手許に集住させることでしたが、もう一つが、多くの商人を集め、経済的に繁栄する都市をつくることでした。こうした場合、日本のほかの城下町では、領内の各地にある町の人々を集団的に強制して城下に移すことがよくみられましたが、毛利氏は、そのような強制はしなかったようです。「土地は用意しました。住む住まないはあなたの自由です」と、移住者の意志に任せていたといいます。建設当時の広島城下を、後藤氏は次のように想像しています。

「武士としては志を得なかった浪人など、才覚のある人が新天地でひと旗あげようとして集まり、自由な空気に満ちた生き生きした町だったのではないか」（前掲書）。

やる気旺盛な人たちは、町の建設にも積極的に参加しました。たとえば、紀伊国（和歌山県）から一党を引き連れて来住した、浪人の湯川播磨守宗有です。広島城下町が建設された頃、城郭の南部に広がる干潟を干拓し、町割りを行いました。立町・播磨屋町・研屋町（現在の立町・本通・紙屋町一丁目）辺りです（図34）。「播磨屋町」という町名は、彼の業績を讃え、その屋号から付けられました。さらに彼は、研屋町に１００間（約１８２ｍ）の間口を持つ屋敷地を与えられ、一党とともに刀剣の研磨を仕事にしました。これが「研屋町」の由来です。

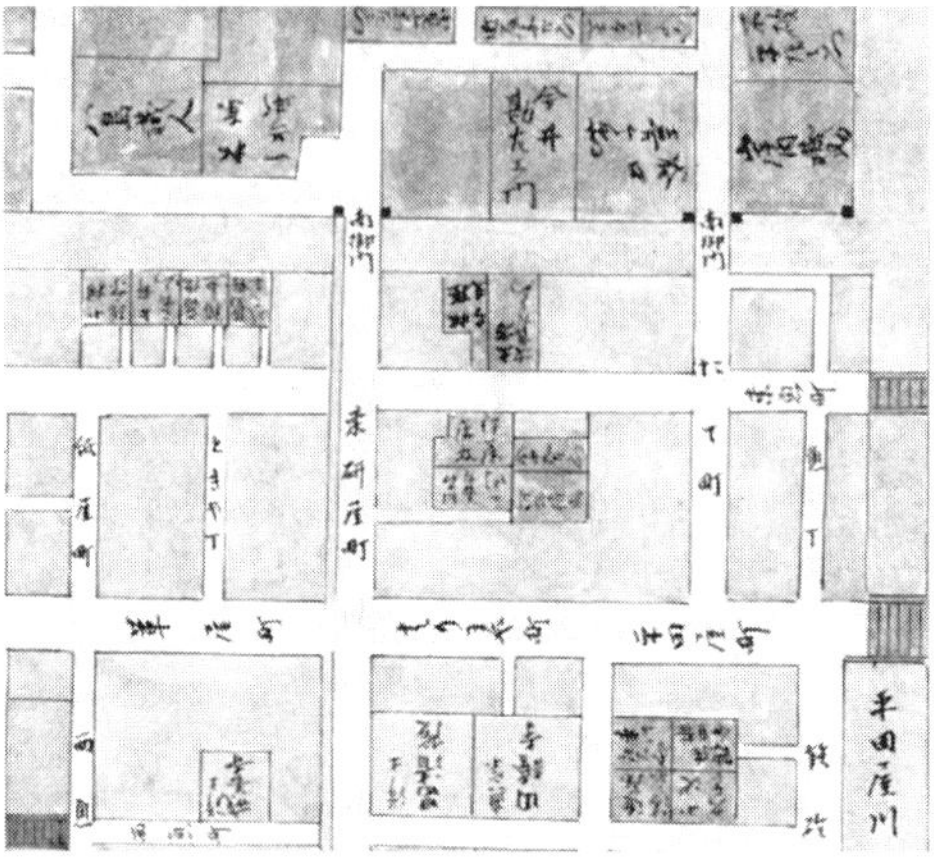

図 34　立町・播磨屋町・研屋町周辺
（「寛永年間広島城下図」〈部分〉、広島城所蔵）

私財を投じて、川に橋を架けた商人もいます。府中（安芸郡府中町）の松崎八幡宮神官出身の加藤九郎左衛門です。彼は城下建設当時、西国街道から雲石《うんせき》街道（山陽と山陰を結ぶ街道）が分岐する辺りの土地を整備し、そこに「猫屋」の商号を掲げて商家を構えました。さらにその東側を流れる本川に、自費で橋を架けました。この功績で橋には「猫屋橋」の名前が付けられ、商家を構えた町も「猫屋町」と呼ばれるようになりました。また本川は、「猫屋川」とも呼ばれるようになったのです（図35）。

猫屋橋の名前のその後ですが、明治前期の地図では、まだ「猫屋橋」と記されていますが、明治中期の地図では「本川橋」となり、「猫屋」の名前は消えています。現在私たちは、橋などはお役所が架けるのが当たり前だと思っています。しかし城下建設当時は、民間人が自費で橋を架けることもあったのです。その事実を伝えるためにも、「猫屋橋」の名前が使われなくなったことを、私は残念に思います。

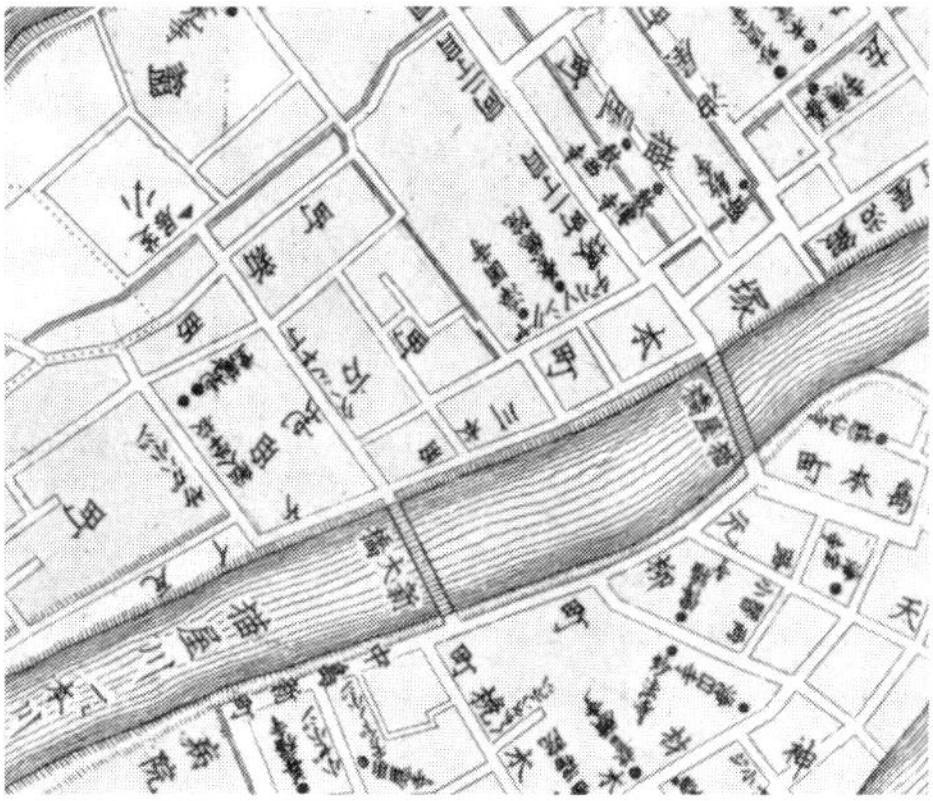
図35　猫屋橋・猫屋町周辺（明治前期）
（「広島市街明細地図」〈部分〉、広島城所蔵）

観音村（広島市西区観音町）にも、町づくりに貢献した新蔵という人がいます。彼は一面干潟が広がる観音を干拓して、土地を造成しました（１５９６年）。その功績を讃えて、新開地には「新蔵新開」の名前が付けられました。新蔵の家系を継いだ田頭氏は、１６１２（慶長17）年、この地に観音堂を建て、代々維持していきます。観音堂は地域の人々から大切にされ、新蔵新開は「観音村」と呼ばれるようになりました。

本通りの東端は、明治に入ってからも「平田屋町」と呼ばれていました。町名が城普請、町割りに協力した平田屋惣右衛門の功績を讃えて付けられたことは先にふれましたが、彼は屋敷地を与えられ、町中支配の最高ポスト・町人頭に任じられました。さらに福島氏の時代には、大年寄になったのです。石見屋《いわみや》町（現在の幟町辺り）、斜屋《ちぎや》町（現在の堀川町・流川町辺り）などの町名も、大商人の屋号から付けられたものです。

このように広島城下町では、大商人の屋号を名前にした町や橋を、あちこちで見ることができました。いかに多くの民間人が町づくりに参加したのかが、よく分かります。その背景には何があったのでしょう。私は、毛利氏の深刻な財政難があったと考えています。島普請に膨大な費用を要し、財政難に悩む毛利氏にとって、民間の資金や労役は、現在の民活導入のように心強い援軍だったと思われます。

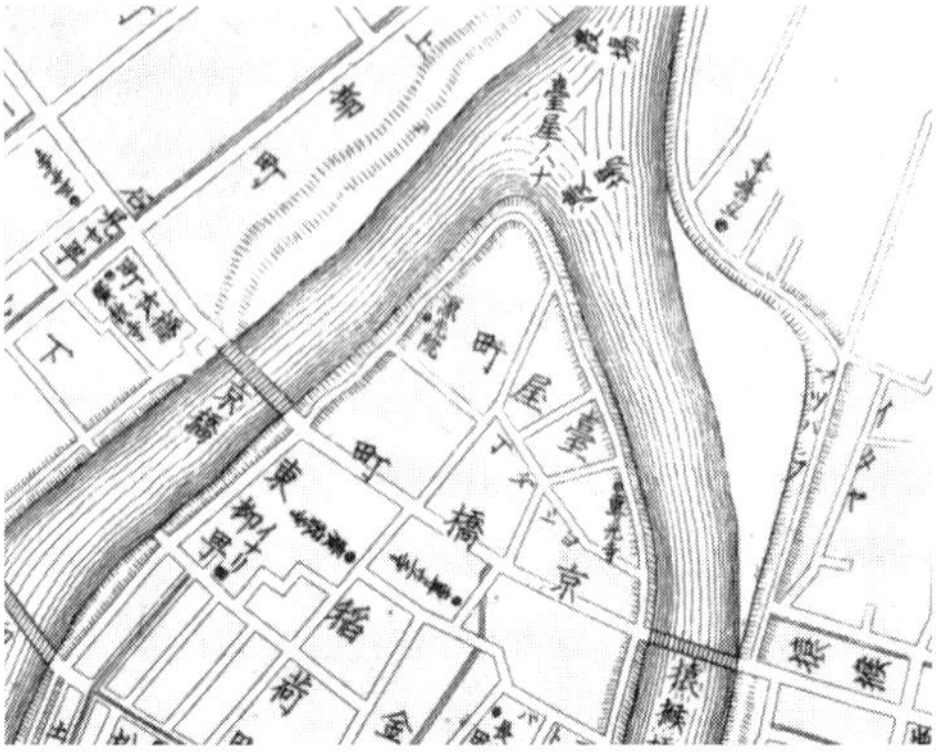

図 36　台屋町・京橋町周辺（明治前期）
（「広島市街明細地図」〈部分〉、広島城所蔵）

ここまで町づくりで、民間人が果たした役割の大きさをみてきましたが、毛利氏自らが音頭をとって進めた町づくりもあります。吉田町や尾道町です。吉田町は、郡山城下からやってくる人々の移住地として計画されました。京橋川と猿猴川が分岐する砂州の先端の土地です。1751（宝暦元）年に町域内の浄土宗源光院の寺号「台屋寺」に因み「台屋町」と改称され、その後、現在の「京橋町」（広島市南区）になりました（図36）。

尾道町は、尾道の大工や石工を城下に集めるためにつくられた町で、広島城郭南に掘られた運河・西堂川《せいとうがわ》の西沿い辺りにありました（図37）。この水運が町を繁盛させたのはいうまでもありません。現在の大手町二丁目辺りです。

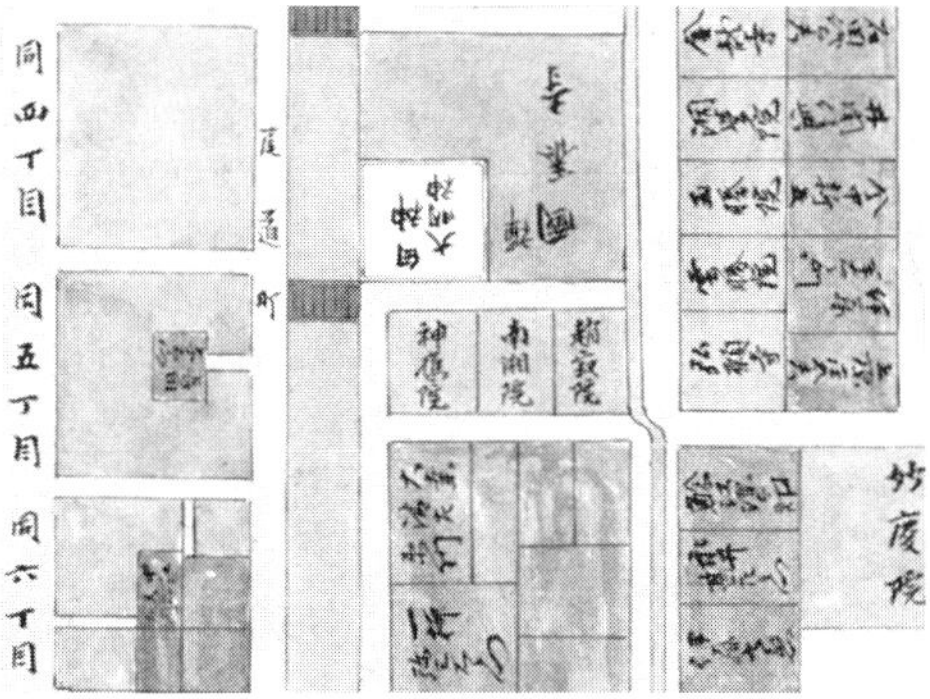

図37　尾道町周辺
（「寛永年間広島城下図」〈部分〉、広島城所蔵）

なお、吉田町の場合ですが、移住してきた人は必ずしも吉田町には住んでいなかったようです。先にふれたように、毛利氏が強制はしなかったからです。この統制はかけずに、自由に任せるという考え方は、屋敷用地の割り振りでも行われたと考えられています。このことについて『広島城四百年』に、河合正治氏（1914～1990年、広島大学名誉教授）の研究が掲載されています。

河合氏は、「毛利氏の時代からあまり年月のたっていない承応三年（一六五四年）の各町絵図（承応絵図）などを分析。間口が均一な町屋敷を割り当てた東北・仙台藩などとは違って、広島では最初から、やって来た商人の経済的実力に任せて自由に町屋敷を建設させたらしいと指摘している。貧富や身分の差が最初からできてしまったらしいのである」(前掲書)。

つまりお金さえ持っていれば、間口の長い、広い土地を買うことができたというわけです。

運河・水路の開削

広島城と城下町を建設するためには、大量の石材や木材など建設資材が必要でした。それらの資材を大量に運搬できる手段は、当時、船しかありませんでした。その船を利用して街中に資材を運ぶためには、運河が必要です。このため築城の安全を祈る〝鍬初め〟の式を済ませるやいなや、一番に始められたのが運河の開削でした。

運河は二本開削されました。城下町の東側に開削された平田屋川と、城下町中央の西堂川です(図38)。

●「平田屋川」

「平田屋川」は、外掘りの東南角を起点に南に下り、広島湾に達する運河です。平田屋町と同様、町割りに貢献した平田屋惣右衛門に因んで名付けられました。コースは外堀を出たあと「金座街商店街」を通り、「パルコ」を抜けて「並木通り」、そして「地蔵通り」を経由して広島湾へと南下していました。平田屋川には船荷を積み降ろしする「船場《せんば》」が設けられ、一帯は「新船場町」と呼ばれました。場所は、平田屋川の西詰めから川沿いに伸びる鉄砲屋町（現在の袋町、本通辺り）の先です。「新船場」の〝船〟の字は、時代が下って〝川〟の字があてられ、「新川場」と書かれるようになりました。

船場では、瀬戸内海で獲れた魚も荷揚げされました。そのため平田屋川沿いには魚市場が立ち、「東魚屋町《ひがしうおやちょう》」ができました。城下町には、ほかに二つの魚市場がありました。東の京橋町と西の魚屋町です。東魚屋町は二つの市場の真ん中に位置したことから、「中の棚」とも「魚の棚」とも呼ばれるようになりました。これが「中の棚商店街」の由来です。ちなみに、「棚」は「市場」を意味します。東魚屋町には1758（宝暦8）年以後、町の守護神として商業神の稲荷社が勧請《かんじょう》されまし

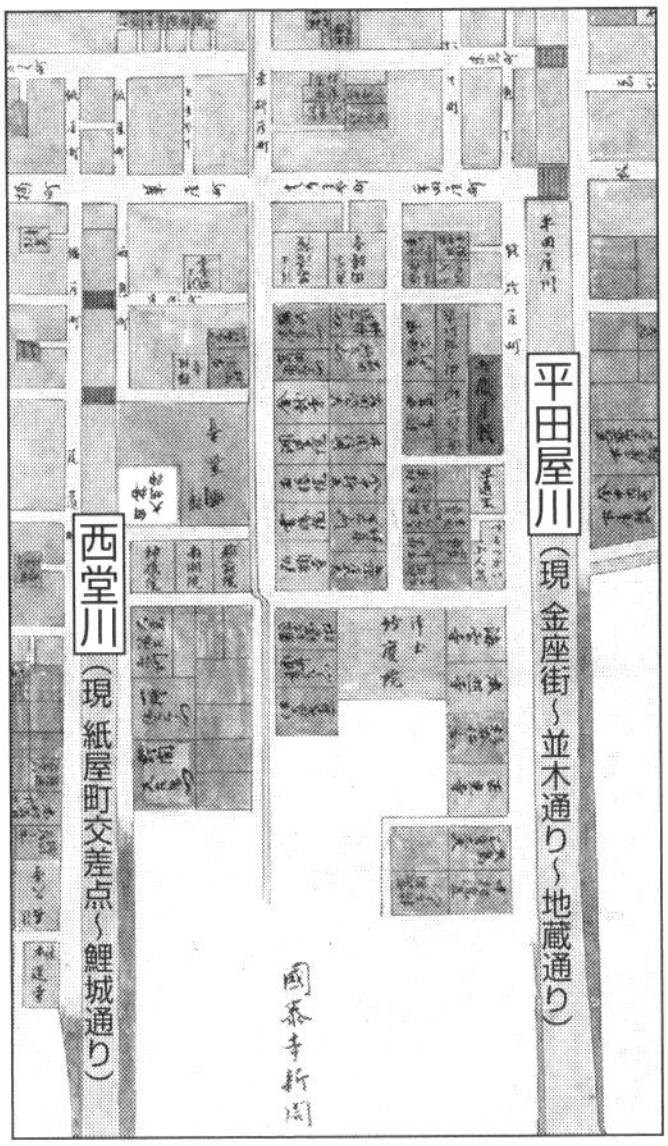

図38　平田屋川と西堂川
（「寛永年間広島城下図」〈部分〉、広島城所蔵、四角囲みと（　）内の文字は筆者）

たが、これは「中の棚稲荷」として有名でした。

なお、平田屋川は明治に入っても「竹屋川」の名前で残っていましたが、1956（昭和31）年、上部が覆われて道路となりました。また、新川場の町名は1965（昭和40）年まで残っていました。その後、一帯は商店街として整備され、道路となった平田屋川の両側には商店が並んで、「並木通り商店街」が生まれました。道路下は地下排水路に転用されています。

●「西堂川」

「西堂川」は南辺外堀のほぼ中央、本通筋のやや南から広島湾へ向かって掘削された運河です。現在の地図では、紙屋町交差点辺りから鯉城通りに沿って南下します。

西堂川という名前は、どのようにして付けられたのでしょう。

1594（文禄3）年、西堂川を下った左岸に禅宗寺院・新安国寺が建設されました。牛田・不動院の住職だった安国寺恵瓊が新たに築いた寺院です。恵瓊は1598年、京都五山の一つである東福寺の、最高位である住持となりますが、それ以前に、住持に次ぐ「西堂」という役職に就いていました。この輝かしい経歴と秀吉との外交交渉でみせた優れた手腕に敬意を表して、毛利氏は運河に「西堂川」の名前を付けたのです。

第三章でもふれたように、恵瓊は関ヶ原の戦いで西軍についたため、家康によって刑死させられました。そのため新安国寺も、安国寺同様しばらくの間当主不在になります。毛利氏が去った後、福島正則がやってきますが、正則は1601年、ふるさと尾張から弟の普照《ふしょう》を招き、新安国寺の当主に据えました。そのとき、寺院の名前も「国泰寺」に改称し再出発させたのです。本書の冒頭で述べた、愛宕池のあった、あの国泰寺です。

新安国寺（国泰寺）近くの西堂川には、おしゃれな橋が架けられました。「西堂橋」です。長さは12間余り（約22m）、幅は2間半（約4・5m）で、橋には欄干が取り付けられ、瓦葺の屋根で覆われていたといいます。屋根で覆われた橋なんて、今どきお目にかかることなどありませんが、当時の人はなかなか風情のある橋を架けたものだと、その粋な心に拍手です。

西堂橋から南に下った所には、「鷹野橋」が架けられました。浅野氏時代、近くに藩主の鷹狩場があったことから、その名が付けられました。「鷹野橋」は現在も、商店街や電停、また大手町五丁目辺りの地区の通称として、名前が残っています。西堂川は、明治の末期まで残っていましたが、宇品線の電車軌道に転用するため、外堀とともに埋め立てられました。

●「流川」

運河のほかに、水路も整備されました。その一つが「流川」です。1619年、紀州から来て広島城主になった浅野長晟《ながあきら》は、翌年藩主の庭園として「御泉水屋敷」の造営に取りかかりましたが、そのとき屋敷の水はけのために整備したのが流川です。庭園から流れ出た水は、武家屋敷町の上流川町から下流川町へと続く通りの東側を流れ、途中から南西に向きを変えて平田屋川に注いでいました。

庭園は広島を代表する名園ですから、少しふれたいと思います。庭園の構成（結構）や数寄屋建築は、浅野氏の重臣で茶人の上田宗箇《そうこ》が手掛けました。庭園は中国・西湖の景観を縮小して造られたことから、「縮景園」とも呼ばれます。

庭園は代々の藩主によって手が加えられ、さまざまな景観を見せてきました。1800年に入ってからは数次にわたる整備が行われ、射場や馬場が設けられたほか、薬園や茶園もつくられました。1940（昭和15）年、御泉水屋敷は浅野家から広島県に寄贈され、市民の憩いの場として開放されました。この時以来、市民は殿様であった浅野家へ敬意と親しみを込めて、庭園を「浅野の泉庭《せんてい》」と呼ぶようになりました。

庭園の池では、面白い光景が見られます。ボラやハヤなど、川魚が悠々と泳いでいるのです。京橋川から水を引き込んでいるため、入り込んでくるのです。

原爆で焼失するまで、「泉庭」の隣には浅野家所蔵の古美術品を一般公開する私立美術館「観古館」がありました。現在は、「広島県立美術館」となっています。また、小町には最後の藩主だった浅野長勲《ながこと》が建設した「浅野図書館」がありました。1931（昭和6）年に広島市に寄贈、そして戦後、小町に復帰したのち国泰寺町に移転後もその名称は引き継がれ、「浅野」の名前は子どもたちにもなじみでした。しかし1974（昭和49）年、基町へ移転を機に「広島市立中央図書館」と名称を変え、「浅野」の名前は消えました。安芸の殿様「浅野様」の名前が昔語りになりつつあるのは寂しい限りでしたが、2019年には「浅野氏広島城入城400年」を迎え、その名を目にする機会も増えました。

●「薬研堀《やげんぼり》」

幟町筋に続く南には「薬研堀」という武家屋敷町がありましたが、その通りの西沿いを流れていたのが「薬研堀」という水路でした。飲料用の水路として整備されたものです。「薬研」の名前は水路の断面が薬研という道具の断面に形状が似ていることから付けられました。薬研とは、薬草やその実をすり潰して漢方薬を作る道具です。薬研堀は明治前期の「広島市街明細地図」でも確認することができます。

流川も薬研堀も町名だけが残りましたが、二つの町名は、中四国一の飲み屋街がある所として鳴り響いています。ところで、水の流れは人の心を癒し、都市景観に潤いをもたらします。しかし、かつての水路は現在の広島にはありません。いくつかでも残っていれば、面白い都市空間になっていたと思われるのですが、残念なことです。

コラム 11

江戸時代の地誌

『知新集』は、江戸時代に広島城下の地誌として、西町奉行・菅求馬《すがきゅうま》や町役人らが材料収集を行い、さらに藩士で文人だった飯田篤老《とくろう》が主任として加わって整理編集し、1822年に完成しました。全25巻。『新修広島市史 第六巻 資料編その一』に全巻収録されています。

広島で最初に誕生した地誌は、広島藩の編纂事業として作成された『芸備国郡志』（1633年）です。編者は、儒医の黒川道祐《どうゆう》で、広島藩に藩医としても仕えました。安芸国8郡と、備後国のうち6郡について記されています。上下2巻。

『芸藩通志』は、『芸備国郡志』の改修版として、頼杏坪《らいきょうへい》・加藤棕盧《そうろ》・頼采真《さいしん》・黒川方桝《かたます》らによって編纂されたもので、1825年に完成し、広島の代表的な地誌となりました。全159巻。

四　福島氏による街道の整備

西国街道の付け替え

広島城郭の拡張と並んで正則が精力を注いだのが、西国街道の付け替えと整備です。毛利氏時代、城下町から北にはずれた所を通っていた街道を、城下町の中心を通るように道筋を替えたのです。

今川了俊の南北朝時代から、西国街道は太田川の上流から河口付近へ渡渉のコースが移りました。しかしそれでも広島城下町からは、かなり北に離れていたため何かと不便でした。この不便さを解消するため、正則は街道を城下町の中を通るよう引き込もうとしたのです。それも町人町のど真ん中、横道の中心である本通りに通そうとしました。そして、この本通りに続く東西の道筋を西国街道に指定し、街道両側全ての沿道を商人や職人が住む町人町に造り替えていきました。

１６０３（慶長８）年、正則は星野越後守と小河若狭守を奉行に任じ、街道整備に本腰を入れます。街道筋には、毛利氏時代からの武家屋敷が続く所もあり、彼らを移転させなければなりませんでした。それにはかなりの困難も伴ったと思われますが、城下内の街道は沿道全てが町人家になったのです。

城下内の街道ルート

正則が付け替えた西国街道には、どんな町が並んでいたのか、東から西へとたどっていきましょう（図39〜42）。

矢賀村を通り過ぎた街道は、岩鼻に着きます。正則は岩鼻を重要な出入り口として大門を設置し、城下警備の最初の関門にしました。大門を抜けた街道は、片河町から愛宕町を通って猿猴橋に着きます。猿猴橋を渡ると、いよいよ城下町です。

猿猴橋の西詰には、警備の大門がそびえていました。ここでは不審者を見逃すまいと、厳しいチェックが行われたことでしょう。大門をくぐると、京橋町に入りやがて京橋が見えてきます。これを渡ると橋本町で、ここからが広島城のある中央の島（砂州）です。町内中ほどの交差点を北に行くと上柳町、南に行くと下柳町で、いずれも武家屋敷町でした。なお、橋本町の町名は『知新集』によると、京橋のたもとにあることに由来しています。

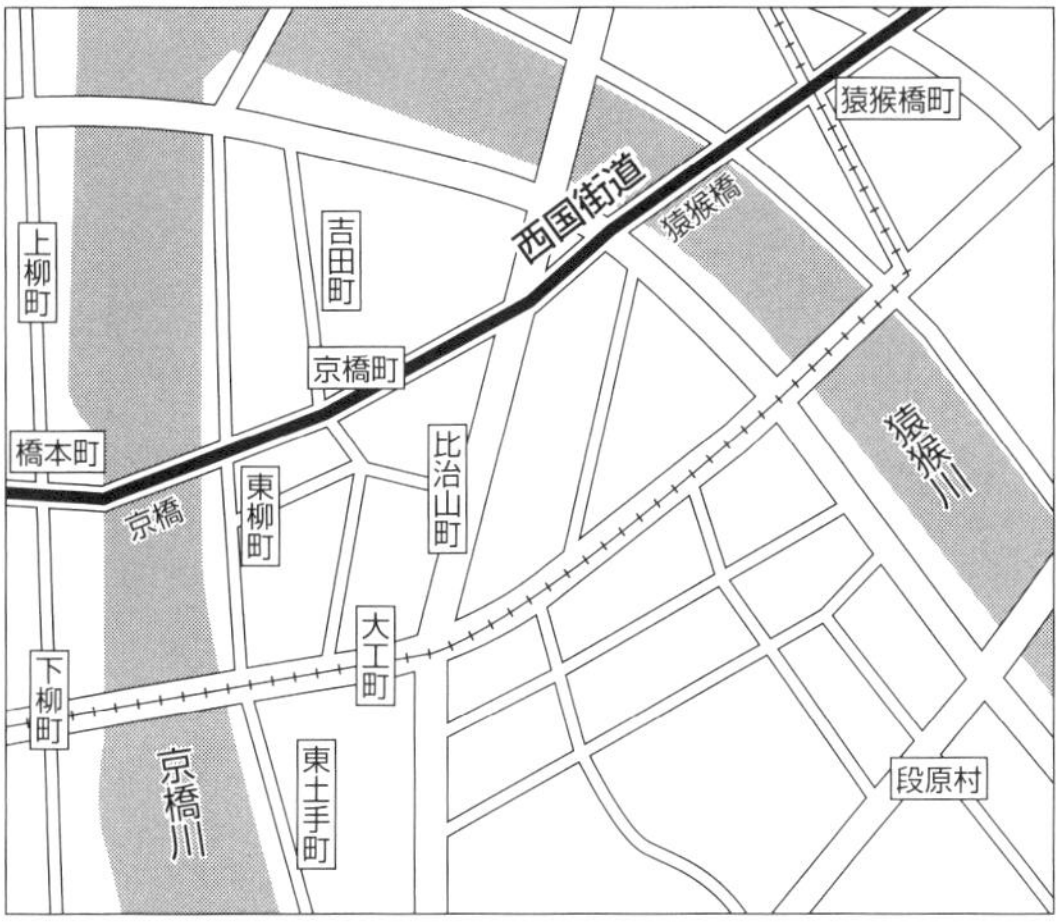

図39　城下の西国街道①　猿猴橋～橋本町
（現在の地図に、江戸前期の主な町名を記載）

橋本町を西に進むと石見屋町の正光寺《しょうこうじ》に突き当たります。石見屋町は手工業が盛んな町でした。傘張り、桶屋、畳刺、表具師、青染、仕立物師などです。街道は正光寺で南に折れますが、折れずにまっすぐ進むと侍屋敷のある幟町や鉄砲町を横切り、京口御門近くに達します。

正光寺で南に折れた街道は山口町を経て銀山町に入り、徳栄寺前で西へ折れ曲がります。山口町には御用弓・矢弦を調達した弓屋清兵衛家があったほか、武器職人が多く住んでいました。徳栄寺前から西に向かう街道は、鉄屋町を通って流川を渡り、堀川町へと続きます。この地域では、街道に平行して北側にもう一本、町屋街が整備されました。東《ひがし》引《ひき》御《み》堂《どう》町から流川を渡り胡《えびす》町へ続く通りです。この

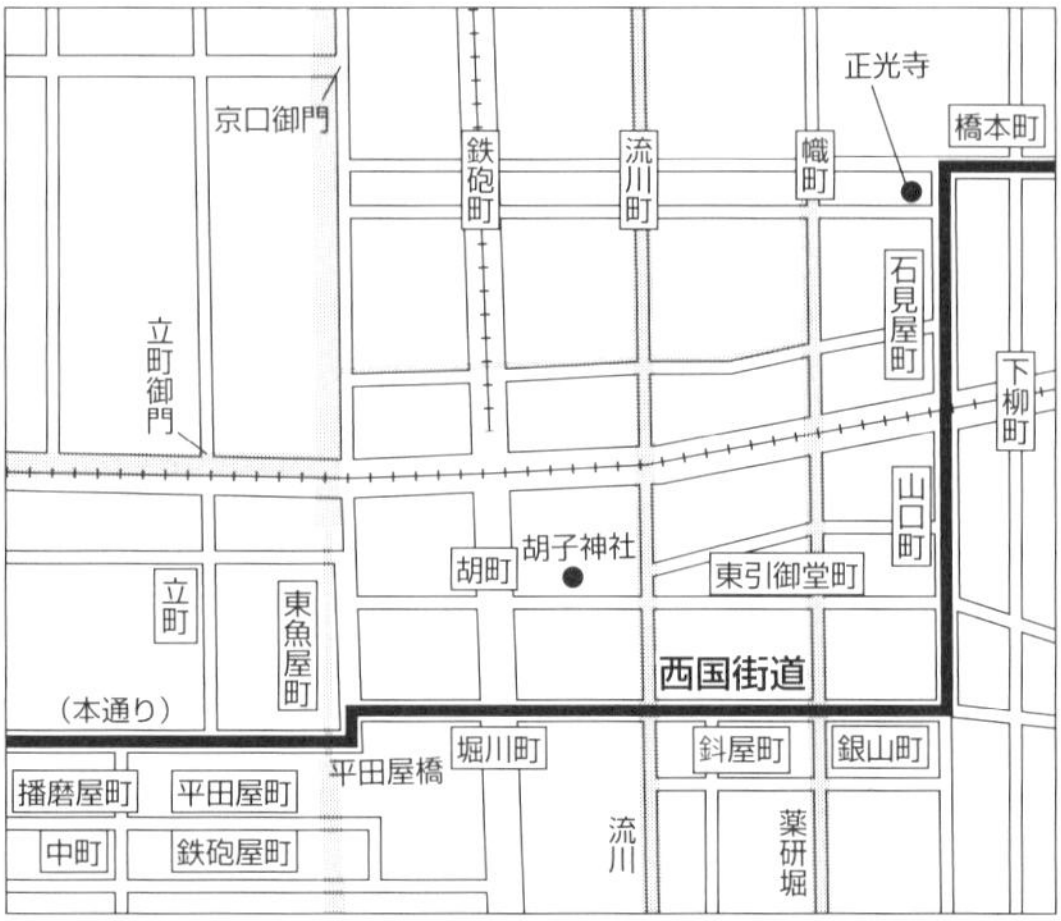

図40　城下の西国街道②　橋本町〜播磨屋町
（現在の地図に、江戸前期の主な町名を記載）

通りには、毛利氏の家臣・熊谷玄番の屋敷があったのですが、移転させ跡地を町屋の敷地にしたと伝えられています。

二本もの町屋街を整備したのは、正則がこの界隈を特別賑わう商業地域にしたいと願ったからです。そのため、商売繁盛の神様「胡神社」を移転させ、町屋街に据えました。「胡町」の誕生です。胡神社は、元就時代、郡山の城下町にありましたが、その後は、広島城下の西《にし》引《ひき》御《み》堂《どう》町（中区十日市町）に移されていました。

胡神社の移転を正則に願い出たのは、商人の銭屋又兵衛だといわれています。胡社が来て以来、胡町と東引御堂町では、それぞれ4日ずつ、合わせて8日、市が立つようになり「市の町」とも呼ばれるようになりました。また正則は、さらに賑わいを図るため、吉田出身の歌舞伎役者で、自らも寵愛していた清七を招いて女歌舞伎も催しています。胡神社は現在、福屋百貨店と三越デパートの間にあり、毎年11月に「えべっさん」の祭りが開かれ大賑わいします。「住吉さん」や「稲荷さん」に並ぶ、広島三大祭の一つになっています。

正則は、二本の町屋街を整備したことに加えて、秀吉の短冊形に似た町割りも行いました。毛利氏時代、正方形に区画された街区の真ん中に小路を設け、二つに分割したのです。この町割りは、時代が下った浅野氏時代にも中町・袋町辺りで行われました。１６５７（明暦３）年2月に起きた、「明暦大火」からの復興工事で行われたのです。火事は、町屋２３３軒、侍屋敷25軒、寺13か所を焼き尽くす大火災でした。この復旧工事を最後に、城下町中心部の通りや区画など、町の構成が決まりました。その後大きな都市改造は行われず、町の形はそのまま明治へと受け継がれていったのです。

西国街道のルートに戻りましょう。堀川町を通った街道は、平田屋橋を渡ります。そこから少し南へ下り西に折れると、現在の「本通り」に入ります。東から平田屋町、播磨屋町、革屋町、そして東横町、西横町が続きます。革屋町は、その名の通り革細工職人が住んでいた所です。「本通り」は街道でしたから、沿道全てが商店街として整備されましたが、通りをはさむ南北の奥まった所でも早くから職人や商人が住み着き、町屋街が発展していました。

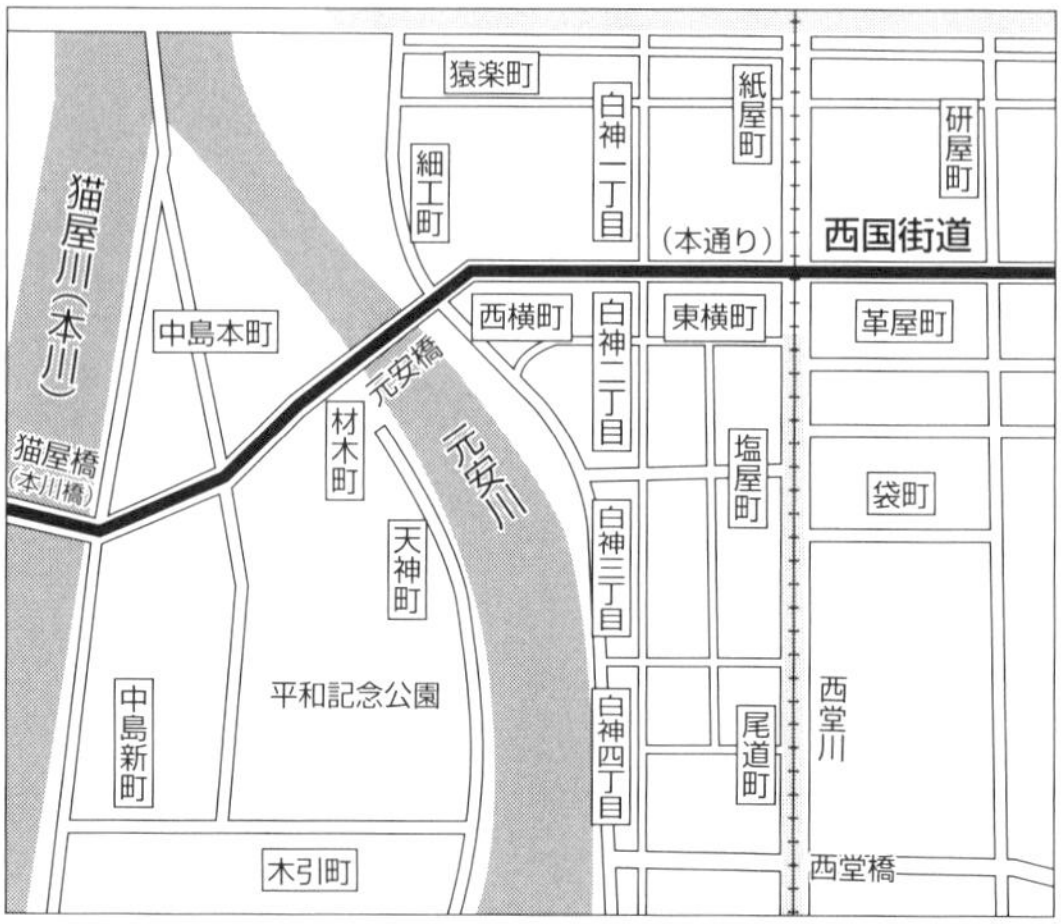

図41　城下の西国街道③　研屋町〜猫屋橋
（現在の地図に、江戸前期の主な町名を記載）

どんな町があったのでしょう。平田屋川の西沿いには、「鉄砲屋町」がありました。鉄砲を作る鍛冶職人が多く住んでいた町です。似た名前に「鉄砲町」がありますが、こちらは鉄砲組の侍が住んでいた武家町です。御泉水屋敷から南下する流川の西側に平行してありました。

次は広島市の中心部、八丁堀と並ぶランドマーク、紙屋町です。1591（天正19）年に伊予国（愛媛県）から移り住んだ、伊予屋九郎右衛門が紙商いをしたことにより付けられた町名だと伝えられています。紙屋町の西側、城郭南の外堀に平行する横町が猿楽町、そして、猿楽町と西横町にはさまれた町が細《さい》工《く》町です。町の西側は元安川の川辺でした。それぞれ、「能（猿楽）役者が多く居住していた」、「小細工職人が多く居住していた」ことが町名の由来との説があります。

細工町は元安川と西国街道に面しており、水陸の交通路に恵まれていました。元安川の川べり（現在、原爆ドームが立つ場所）には藩の米蔵が置かれていましたから、年貢米を運ぶ人夫たちなどで賑わい、活気あふれる町だったと思われます。

本通りの横町には二文字屋源右衛門家があり、代々広島藩の菓子御用を勤めたと伝えられています。さらに、西堂川西沿いの北端には塩屋町があり、内海で生産された各地の塩が舟で運び込まれました。その南隣が、尾道町です。

再び西国街道に戻りましょう。西横町から元安橋を渡ると、新たな砂州に入ります。現在、平和公園がある一帯です。ここは中島本町でした。街道は町の真ん中を通って、猫屋橋（本川橋）に向かいます。街道の途中には、鉤《かぎ》の手に折れている所がありましたが、これは敵が直進して攻めてくるのを阻む工夫でした。現在もその痕跡が残っています。中島本町の町名が「中島の本通り」に由来することは先にふれましたが、この「中島」の名前は、元安川と本川が分岐してできた中州、つまり中島であることを示しています。中島本町は、のちに「広島の銀座」とも呼ばれるほどの賑わいでした。平和公園を訪れたら、かつてそこに八丁掘地区と並ぶ、市内でも有数の繁華街があったことを想像してみてください。

元安橋は、毛利氏が広島城下町を建設するとき、京橋、猫屋橋、己斐橋などとともに架けら

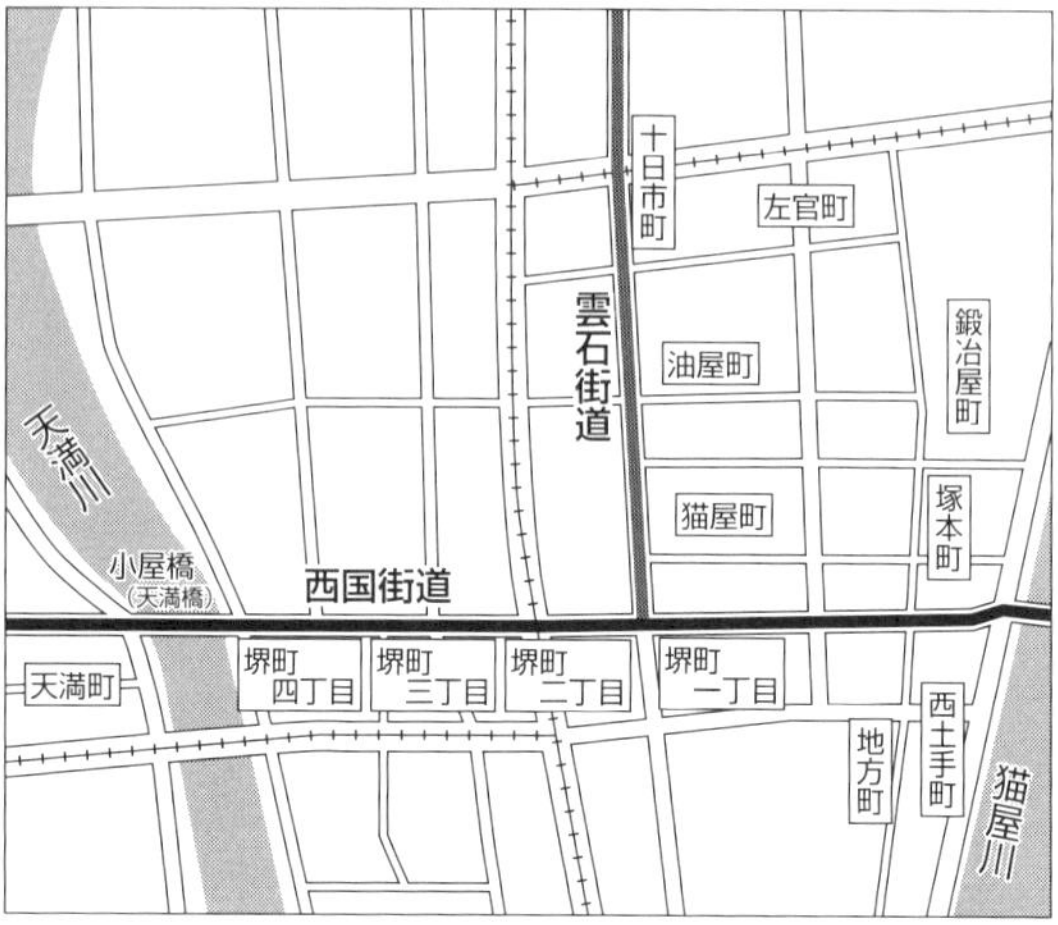

図42　城下の西国街道④　塚本町～小屋橋
（現在の地図に、江戸前期の主な町名を記載）

れました。橋の名前は、毛利元就の子、元康が自力で架け渡したことから付けられたといわれています。

中島本町の南には、材木町、木引町などがありました。材木町は材木に関連した商人が多く、また木引町は「木挽職」が多く居住していたため、それが町名になりました。本川を利用して運び込まれる原木が、職人の手で加工・製材されたのです。

中島本町から猫屋橋（本川橋）を渡ると塚本町です。続いて堺町一丁目から四丁目へ、そして小屋橋（天満橋）にかかりますが、城下内の西国街道は小屋橋の手前で終わります。塚本町は本川の左岸にあり、船運の要地でしたから、早くから町屋が設けられていました。そして街道が通る町になったことで、さらに商業が盛んになっていきました。塚本町の北には鍛治屋町があり、多くの鍛冶職人が住んでいました。また近くには油商人が住んだ油屋町がありました。

さて西国街道ですが、小屋橋を渡って小屋町に入り、その後己斐へと向かいました。

雲石街道と寺町

福島正則は、山陰の出雲、石見へと向かう雲石街道も整備しました（図42）。起点は西国街道の堺町二丁目です。そこから猫屋町、十日市町、西引御堂町、そして寺町へと北上していき、天満川に突き当たります。それまでは渡し船で行き来していましたが、正則は横川橋を架けます。これで交通は格段に便利になりました。しかし、問題が起こりました。橋を架けたことで、防衛面に不安が出てきたのです。

それまで天満川は、天然の防衛線でした。しかし、橋を架けたことで陸続きになり、川による防衛機能が失われたのです。このため正則は、横川橋の南に寺町をつくりました（図43）。寺を集中させて、要塞にするためです。要塞を守るのは僧侶です。寺院を要塞にするやり方は、秀吉が京都改造で採り入れたほか、各地の城下町で採用されており、正則もそれに倣ったのです。

寺院は、現在の広島市安佐南区・安佐北区や安芸高田市など、太田川流域に点在していた真

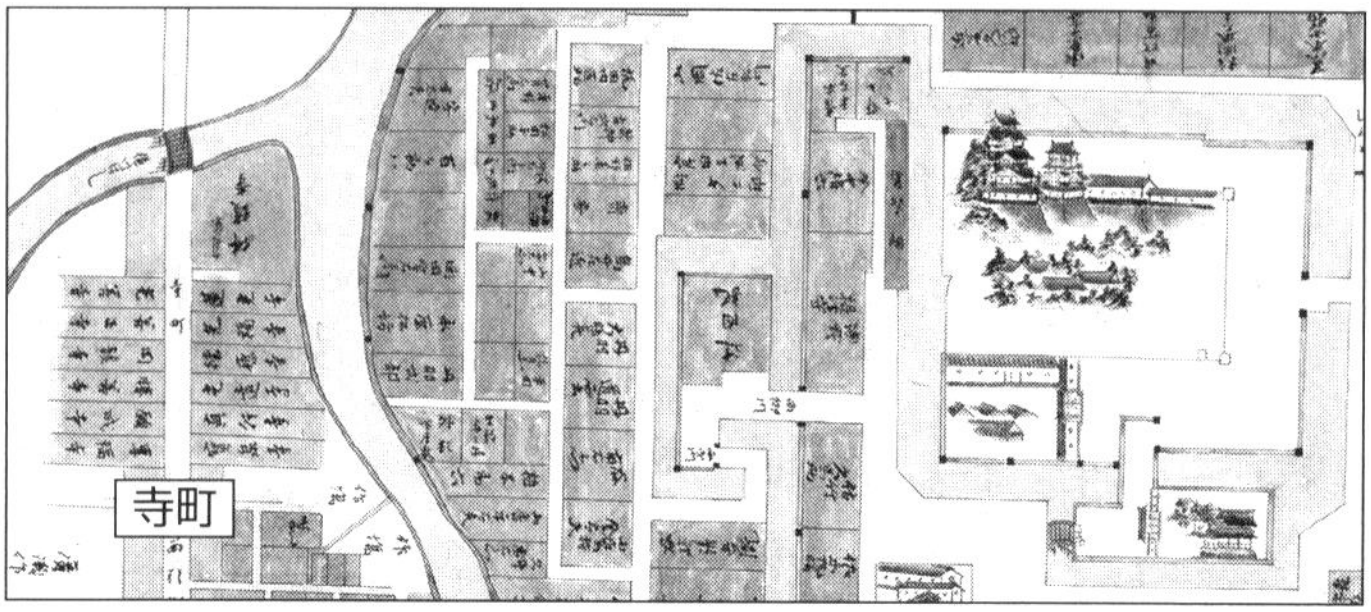

図43　寺町と広島城の位置関係
（「寛永年間広島城下図」〈部分〉、広島城所蔵、四角囲みの文字は筆者）

宗寺院を強引に集中移転させました。『知新集』によると、移転は１６０９（慶長14）年頃から始まったとされています。ところが、寺院を集中させたことで、新たな心配が出てきました。僧侶たちが反旗を翻し、敵対勢力になる恐れもあったのです。

『広島城四百年』に、次のような記述があります。

「寺町の東は川一つで広島城の外ぐるわ。今の寺町の寺院配置を見ると、旧可部街道をはさんで西側の寺は、すべて東面、つまり道と城の方を向いている。道の東側の寺は西側、つまり道の方を正面にすればいいのに、すべて南向きになっている。つまり、城から見ると横向きに並んでいる。『昔からそうなっていた』と、同町の寺々では言う。寺に人が集まるのを城から見えやすくするためだ、との説があるという」（中国新聞社編『広島城四百年』、第一法規出版株式会社、１９９０年）

真宗安芸門徒は大阪の石山合戦で、毛利水軍とともに本願寺救援に駆けつけ、戦闘力が侮れないことを見せつけました。寺町の僧侶や信徒たちが、福島氏の敵対勢力に変わった場合、それは怖い存在になります。ですから正則は、寺町に不穏な動きがないか、たえず警戒の目を光らせておかなければならなくなったのです。それに安芸の人からみれば、福島氏は尾張からきたよそ者です。福島氏に警戒の念は強かったでしょう。

現在、寺町には浄土真宗の寺院17か寺が集まっています。お彼岸の日などは線香の煙がゆるやかに立ちのぼり、境内は穏やかな祈りに包まれます。しかし城下町時代、寺院は防衛の機能を担い、人が血を流す戦場に変わっていたかもしれないのです。

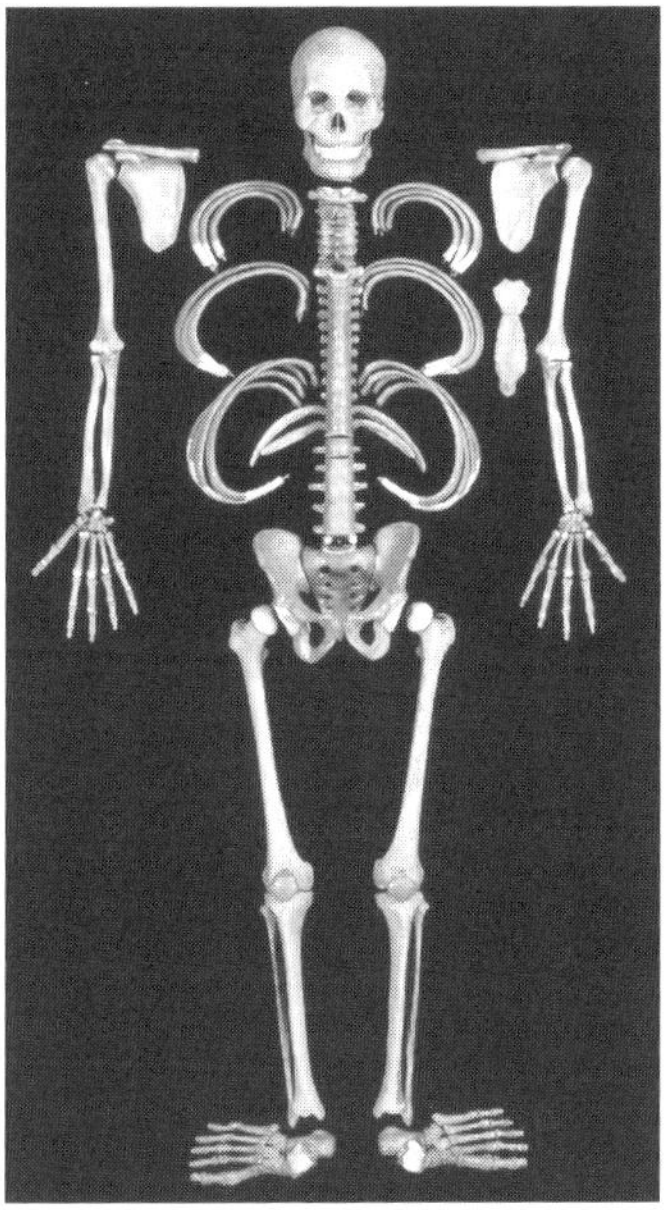
写真11　身幹儀（星野木骨）
（広島大学医学部医学資料館所蔵）

ところで、雲石街道の起点にある堺町の名の由来ですが、『知新集』は城下町建設当初、和泉の堺（大阪府堺市）から来住した境屋（堺屋）某が居住したことから名付けられたと伝えています。

江戸末期、堺町からは広島の蘭方医学の先達とされる、星野良悦《ほしのりょうえつ》が世に出ました。良悦は地元の町医者でしたが、治療には人体の構造を理解することが重要であると感じ、浅野藩から刑死者の遺体を払い下げてもらい研究を進めました。そして、のちに「身幹儀《しんかんぎ》」と呼ばれる木製の精巧な人骨模型を作ったのです。これは、日本で最初の骨格標本であり、『解体新書』の図よりもはるかに正確だと、杉田玄白や大槻玄沢《おおつきげんたく》が称賛したほどです。解剖学が全く発展していなかった、当時の日本の医学の進展に大いに寄与しました（写真11）。

福島正則、干拓に意欲

福島正則は干拓にも力を入れました。その代表的な事業が「竹屋新開」です。現在の竹屋町・富士見町付近です。慶長年間（1596～1615年）の末頃完成したと推定されています。「キリシタン新開」とも呼ばれました。「キリシタン」の名称は干拓地の北、田中町にあったキリシタン教会堂に因んで付けられました。キリシタン新開は、正則の後、浅野氏時代初期に描かれた「寛永年間広島城下図」（図30〈P189〉）にも記されていますから、当時はまだ、キリスト教が市民権を得ていたことがうかがえます。

キリシタン新開の干拓と同じころ、西堂川と平田屋川に挟まれた所にある、白神社前沖の干拓も行われています。「槇新開」です。1613（慶長18）年、伊予国から来住した稲井新左衛門の家人、槇幽斎が干拓しました。新左衛門は小規模でしたが、雑魚場町の干拓も行っています。槇新開の地主となった新左衛門は、正則が去ったあともこの地にとどまり、代々庄屋や大割庄屋をつとめ、町の発展に尽くしました。なお「槇新開」は、のちに「国泰寺新開」と呼ばれました。

写真 12　八剣神社

正則を祭る「八剣《やつるぎ》神社」

京橋川に架かる牛田大橋の南詰め（中区白島九軒町）の土手に、福島正則を祀る小さな祠《ほこら》があり、祠のそばには次のような説明があります（写真12）。

「八剣神社は二代目、広島城主福島正則公の、この地に残る唯一の治世の史跡である。当時、広島は洪水に悩まされここの堤防が切れて、水勢強く容易に防ぎ止めることが出来なかった。遂に人柱を入れて堰き止めようという時、福島正則公が『それは不憫な、自分に名案がある』と言って秘蔵の名剣八本を箱に納め、地中深く埋めて堰き止めたのである。その八本の剣の霊を祀って小祠が建てられたのが元和三年（西暦一六一七）今から四〇〇年昔のことである。以来、水の守護神として、北風に逆い川に向って、敢えてここに建つ」（「八剣神社」掲示板由緒より）

祠は「八剣大明神」とも呼ばれ、毎年３月下旬になると、祠そばには幟が立てられ、辺りは御幣で飾られます。４００年以上経った今も、正則をしのび、その業績を讃える市民がいるのだなと思うと、感慨もひとしおです。

正則が広島城下にいたのは、わずか20年足らずにすぎませんでした。しかし広島を、大阪以西では、最大の人口を抱える城下町に発展させたのです。武家屋敷を除いた町家数が、４０６５戸にも達したことがそのことを物語っています。

正則、改易され長野へ

１６１９年6月、正則は幕府から、突然改易という処分を受けました。理由は何だったのでしょう。一般的には、広島城を無断で修復したためとされています。

２年前の１６１７（元和３）年、広島は大水害に襲われ、城にまで被害が及びました。そのため正則は、幕府の執政・本田正純《ほんだまさずみ》を通して、当時の将軍・徳川秀忠《とくがわひでただ》に城の修復許可を願い出ました。しかし『広島県史』によると、「正純は思うところあってか、このことを将軍に通ぜず、しかも正則には修復だから正式の許可はいるまいなど曖昧に答えていた」（『広島県史 近世1 通史Ⅲ』、広島県、1981年）といいます。

結局、正則は幕府の正式な許可を得ないまま、城の修復を始めてしまいます。これがルール違反とみなされ、改易の理由となりました。実は、1615（慶長20）年、幕府は諸大名に対し、居城以外のすべての城の破却を命じていました（「一国一城令」）。また、その直後には「武家諸法度《ぶけしょはっと》」で、居城の無断修復を禁じ、新城建築を厳禁しています。正則はこの罪に問われることになったわけです。

いったんは修復か所の破却を条件に許されるかにみえたのですが、一転、改易となります。それは、安芸・備後49万8000石を没収し、その一割にも満たない津軽（青森県）4万5000石を与えるというものでした。

このような経緯から、正則が改易されたのは徳川方の陰謀ではないかとの説が以前からありました。関ヶ原の戦いで東軍についたとはいえ、正則は、もともとは豊臣方の重臣です。「一国一城令」も、西国大名に対しては特に厳しく施行されたといいます。徳川方の意向に沿って、福島氏を潰すため、正純がわざと修復の許可申請を秀忠に伝えなかった可能性もあるのです。

ところが『広島城四百年』に、次のような興味深い記述があります。

「昭和五十九年に東京大学史料編纂所から刊行された『細川家史料（九）』を見ると、事情はどうも違うようだ。同書所収の小倉藩主・細川忠利の手紙によると、広島城無断修築の情報が秀忠の耳に入った時、正純は正則の改易に反対したという。しかも、この時、秀忠に逆らったことが三年後になって、今度は正純を改易する口実にされたというのだ。（中略）正則から広島城の修築申請を受けた正純は、自分の裁量で大目に見ようとしたが、秀忠の耳に入ったのでことが大きくなった。いったんは正純の反対で正則改易は見送られたが、城の破却が不十分だったこともあって秀忠を怒らせ、正則改易となったばかりか、正純も孤立へ追い込まれた―こうは考えられないだろうか」（中国新聞社編『広島城四百年』、第一法規出版株式会社、1990年）

津軽に移されるはずだった福島正則・忠勝父子は、態度が神妙ということもあって、新領地を越後魚沼郡（新潟県）2万5000石と信州川中島の高井郡（長野県）2万石の計4万5000石に変更されました。しかし翌年、息子の忠勝は22歳で病没します。正室も里に帰し、正則は寂しい晩年を送ることになりました。広島の発展に尽くした正則の功績を思い起こすとき、誠に残念な思いにかられます。正則の改易を手始めに、幕府は熊本・加藤家など、豊臣系大名を次々と潰していきました。

コラム 12

広島のキリシタン

キリスト教は1549（天文18）年、スペイン人宣教師フランシスコ・ザビエルによって、初めて日本に伝えられました。安芸国では、毛利輝元がポルトガルとの貿易を望んでいたこともあって、1586（天正14）年に布教が許されています。1599（慶長4）年には、広島で初めてのカトリック教会が設けられました。しかし、キリスト教は邪宗であると敵視する仏教僧侶らの反対にあって、一年たらずで教会は廃棄されました。その後、尾張時代からキリスト教に好意的であった福島正則が広島入りして、復興支援に乗り出します。

「寛永年間広島城下図」（図30〈P189〉）には、「きり志たん新聞」の右上に堀を持つ広い屋敷地が描かれていますが、これは正則が広島教会の拠点として寄進したもので、信者を急速に増やしました。1601年（慶長6年）には2～300人だった信者が、その年の末には3倍余りになったといわれています。

しかし1613年、幕府が禁教令を出します。正則もその方針に従わざるを得ず、信者たちへの迫害が強化されていきました。

五　新田開発ラッシュ

1615年、徳川氏は豊臣氏を滅ぼし（大坂夏の陣）、幕府政権に反抗する勢力はその影を失っていきます。政権基盤は強化され、社会は次第に安定化の方向に向かっていきました。こうした社会状況の変化を受けて、全国で新田開発ラッシュが起きます。諸大名は原野や潟湖などを開墾、干拓し、耕地を広げていきました。米の生産高を上げることで、財政力の強化を図ったのです。

写真13　堀川南蛮樋
（提供：平生町教育委員会）

干拓に新技術～南蛮樋

広島では、とりわけ海辺の干拓が行われました。海辺の干拓を飛躍的に伸ばした背景には、海外から伝来した新技術がありました。「南蛮樋《なんばんひ》」です。「樋」は、海辺に設けて潮の出入りを制御する扉です。それまでは潮の干満に応じて自然開閉する「唐樋《からひ》」が主に使用されていましたが、「南蛮樋」はロクロによる巻き上げ方式で樋門を開閉させる、当時のオランダからの最新技術でした。

その南蛮樋が、山口県熊毛郡の平生町《ひらおちょう》に残されています。堀川河口付近に建造されていたもので、「堀川南蛮樋」として、平生町指定有形文化財（建造物）に指定されています（写真13）。1658（万治元）年、大野毛利氏によって140ヘクタールの平生開作（干拓地）が完成しましたが、このときの干拓に利用されたものだといいます。

浅野氏による干拓

全国で新田開発が盛んになる頃、幕府の命令で紀州から広島入りしたのが浅野氏です（1619年）。入国当初は藩内部で政治的な混乱もあり、干拓に手を回す余裕はありませんでした。しかし、5年後の寛永時代を迎えた頃には混乱も治まり、政権も安定して、干拓に本腰を入れることができるようになりました。

江戸時代は、250年にわたる長期安定時代です。そのため、大規模な干拓事業が可能になったといえます。浅野藩も大規模干拓に乗り出し、広島城下町の地積は大きく拡大していきます。浅野藩が行った干拓を年代順に追ってみましょう。

①国泰寺沖新開（舟入新開・矢賀新開・比治山新開）

浅野氏が広島に入国した頃手掛けた代表的な干拓が、「国泰寺沖新開」です。１６３４（寛永11）年に完成しました。広さは44町９反もあり、大規模なものとして知られています。この国泰寺沖新開の前に、完成年はよく分かっていませんが、「舟入新開」・「矢賀新開」・「比治山新開」が開かれたとみられています。これらの新開名は、「寛永年間広島城下図」（図30〈Ｐ１８９〉）で確認することができます。

②古川村新開

１６４５（正保２）年春には、明星院村から東の尾長村にかけて流れていた古川が埋め立てられ、「古川村」という名の新開地になりました。

③水主《かこ》町新開・吉島新開・六丁目新開・桃木新開・打出新開

古川村の後も干拓は次々と行われました。承応年間が終わる１６５５年までに、20か所に上る新開地が完成しています。たとえば、城下町西の「水主町新開」で、本川と元安川に挟まれた所です。その沖が「吉島新開」です。白神六丁目沖には「六丁目新開」、竹屋町沖には「桃木新開」、それに接して「打出新開」が開かれました。

④亀島新開・大黒新開・比治新開・山崎新開

比治山の西側では「亀島新開」と「大黒新開」が、また東側では「比治新開」と「山崎新開」が干拓されました。いずれの干拓も小規模でしたから、多くが民間人の手になるものと思われます。

⑤蟹屋新開・大須新開・東新開・皆実新開

民間人の干拓が相次いだ後、再び浅野藩が大規模な干拓に乗り出しました。1660（万治3）年に完成させたのが、「蟹屋新開」の54町歩と「大須新開」の41町歩です。そのわずか2年後には、仁保島を囲む「東新開」（123町歩）と「皆実新開」（144町歩）が完成しました。この二つの新開の合計は、270町歩に達するほど広大でした。

この大干拓の結果、仁保島は広島城下町と陸続きになり、付近の様相は大きく変わりました。干拓地では、木綿が栽培され、広島特産として名が知られるようになりました。

1679（延宝7）年には、「舟入沖新開」も完成しています。別名、「江波新開」とも呼ばれました。そしてこの新開の完成を一区切りに、藩営の新田開発は一段落を告げました。背景には藩財政がひっ迫したという事情があったようです。

⑥殿新開・西楽寺新開

藩が手を引いた後、民間人の手で干拓は続けられました。彼らは西部地域に目を向けます。この地域は土砂の堆積が著しく、干拓が比較的容易にできたからです。東部では藩による大規模な干拓が行われたことと対照的に、西部では小規模な干拓が進められたのです。１６８３(天和３)年に完成したのが、「殿新開」や「西楽寺新開」です。１７１０年代から40年の間では、観音地区や舟入地区でも小規模干拓が行われました。

⑦江波丸子新開・観音沖新開

１８００年代の初頭、浅野藩は殖産興業政策の一環として、再び干拓を企てます。「江波丸子新開」です。広さは23町歩、１８１２(文化９)年に完成させました。さらに６年後には「観音沖新開」の60町歩を完成させました。これらの干拓は、官民一体で行われたようです。そして、この観音沖新開を最後に、江戸時代の主な干拓は終わったと考えられます。

毛利輝元が広島デルタに城下町を建設したとき、海岸線は平和大通り辺りを東西に走っていました。その海岸線は、２５０年間にわたって営々と続けられた干拓によって、はるか南の海へと押し出されていきました。この結果、広島城下町の地積は著しく拡大したのです。

第七章

近代都市へ向けて

～デルタの街の宿命に挑む

一　宇品築港と皆実沖新開先の干拓

宇品築港の必要性

「初めて父に随つて海路廣島に行つたとき船は宇品島の北端に着き丸平廻漕支店に入つた。此の廻漕店は『平』の商號を掲げ本店は元安橋の袂にあつて、相當手廣く営業をして居つた様である。廣島との往復は此の本、支兩店の間に行はれて旅客の交通、荷物の運送は極めて頻繁であつた。一行は一先宇品島に着き更にここから船を艤して廣島に向つたが、何分海底浅く遠く迂回の止むなきに至る等種々の故障のため宇品島を出發したのが夕方であつたが、廣島に着いたのは翌午前二時頃であつた」（『千田知事と宇品港』、広島県、１９４０年）

これは１８８０（明治13）年、県令として広島に赴任した千田貞暁《せんださだあき》が、その翌年、息子である嘉平を伴って広島の地を踏んだときの様子を、後年、嘉平が述懐したものです。「県令」とは、１８７１（明治４）年の廃藩置県に伴い県に置かれた長官の名称で、１８８６（明治19）年、「知事」に改称されました。千田貞暁は、宇品港を築港した人物として知られています。

図 44　丸平廻漕本店と築港前の宇品島の様子　『広島諸商仕入買物案内記幷名所しらへ全』より（広島市郷土資料館所蔵）

江戸時代が終わり明治時代に入って、広島城下町は近代都市として歩み始めました。経済発展の時代となり、広島湾には物資や旅客を積んだ帆船や蒸気船など、大型船が入ってくるようになったのです。しかし、困ったことに当時の広島には、大型船をつける港がありませんでした。広島湾では、太田川が上流から運んでくる大量の土砂が常に海岸に堆積するため、遠浅の海がいつも沖合まで広がっており、大型船が着くことを拒んでいたのです。砂州の堆積は〝もろ刃〟の剣でした。干拓による城下町の拡大を可能にしましたが、その都市の海上交通を支える船の乗り入れには障壁となったのです。

　このため仲立ちの船会社が登場しました（図44）。大型船が運んできた乗客や物資などを載せ替え、町中に運び入れる会社です。海上から広島入りした千田と嘉平親子は、そういった船に乗ったわけですが、そのときの難儀な様子が、冒頭の文章から伝わってきます。なにしろ、夕方宇品島を出た船が広島に着いたのは翌午前二時というのですから、驚きです。

広島が近代都市に生まれ変わるために求められたもの、その一つが、大型船が横付けできる港湾だったのです。

実は、港湾への要望は早くからありました。1865（慶応元）年、1869年（明治2）年と、二度にわたって、江波島に港を建設する計画が立てられたこともあったのですが、いつのまにか立ち消えになっていました。

再び築港が話題に上るようになったのは、1875（明治8）年、藤井勉三《べんぞう》が広島県令に就いてからです。藤井県令は、士族を農業で自立させるために、皆実新開沖の海を埋め立て農地を造成する計画を立てましたが、その造成地の先に港を造る話が持ち上がってきたのです。

当時、士族階級は明治維新によって職を失い、生活に困窮していました。そのため、彼らに働き口を与え、社会的に自立させることが緊急の課題になっていたのです。政府はこの問題を解決するために、1878（明治11）年、士族へ起業基金を貸し付け、それを元手に職業的自立を促すため、士族授産の政策を実行することを決めます。

藤井県令は、皆実新開沖を干拓して新田を拓くことを決め、その開発費として資金の貸し下げを政府に申請しました。結局、この時の申請は不調に終わったのですが、この頃から、干拓先に港湾を建設したらどうかという計画があったのです。

県令・千田貞暁

1880年4月6日、藤井県令が退任します。その後任に決まったのが、東京府大書記官を務めていた千田貞暁です(写真14)。「大書記官」は、今の総務部長クラスに当たります。同16日、皆実新開沖の干拓事業計画の草案がまとまりました。

千田が県令として初登庁したのは、この後の4月28日ですから、千田が広島入りする前に、すでに干拓事業の原型はできていたということになります。そして同年5月6日、干拓事業計画の原案が確定しました。千田は士族の生活再建を一刻も早く進めたいと考えていたのでしょう。干拓とその先の築港に向けて、地形や海水の深浅などの測量を行い、その実地調査を踏まえた計画案を作成し、同31日には、内務省の松方正義《まつかたまさよし》内務卿に事業の申請を行いました。この時から、宇品築港事業は具体化に向けて一歩を踏み出したのです。

千田は、築港を最初に計画した提案者ではありませんが、事業を現実に立ち上げ、牽引していく役割りを担うことになったのです。彼は、次々と立ちはだかる難問をその都度解決し、事業を推し進めていきました。
いかに大変な事業であったのか、参考となる数字を挙げましょう。造成されたのは、208町歩（約206ヘクタール）です。100m四方のグランドが206面分ですから、その広大さが半端ではないことが分かります。工事は1884（明治17）年9月に始まり、竣工したのは1889（明治22）年11月末でした。当初の予定では2年半で完成するはずでしたが、大幅に遅れ、5年3か月もかかってしまったのです。また、工事費は当初、約8万7000円の計画でしたが、3・4倍の30万円にも膨れ上がりました。

写真14　千田貞暁肖像
（明治時代、宇品築港竣功五十周年記念絵葉書、広島市公文書館所蔵）

それにしても、計画と結果の数字があまりにも離れていることに驚かされます。これを事業の困難さとみればよいのか、あるいは見通しの甘さとみるべきなのか、私には判断できません。しかし、千田からの願いで貸付金を与えた明治政府は、その見通しの甘さを責めて千田を懲罰し、広島県知事の任を解きました。千田は晴れの竣工式に臨むことなく、その直前に自らが築いた港から船に乗り、広島を去っていったのです。

干拓や築港事業に尽力した千田知事（県令）とは、どのような人物だったのでしょう。

千田貞暁は、1836（天保7）年7月、薩摩藩士・千田伝左衛門の子として、鹿児島市に生まれました。伝左衛門の住所は、現在の住居表示で鹿児島市西千石町です。私は、現在も家が残っているのか確かめようと、その地を訪れたことがあります。残念なことに目的は果たせませんでしたが、別の意味で驚かされました。

西千石町の隣、加治屋町や甲突川《こうつきがわ》を挟んだ高麗町などからは、明治という時代をつくった大勢のリーダーたちが生まれているのです。西郷隆盛、大久保利通、井上馨、大山巌、山本権兵衛らです。明治維新をどう評価するか、意見の分かれるところではありますが、こんな限られた地域から何と多くの逸材が輩出されたものかと、ある種の感動すら覚えたものです。彼らは幼いころから将来を語り合い、切磋琢磨しながら育っていったに違いありません。千田もこうした環境の中で、鍛えられていったのではないでしょうか。

千田は薩英戦争（1863年）を初陣に、戊辰戦争では新政府軍として、幕府軍と戦いました。鳥羽伏見の戦い（1868年）を経て、東京上野では彰義隊と、さらに会津では白虎隊と切り結ぶなど激戦地を転戦し、幕末から維新にかけて戦火の中で日々を送ったのです。維新後は、東京府の役人になり、大書記官へと累進した後、1880年4月、広島県令に任命されました。千田43歳（数えで45歳）のときでした。

では、千田県令の宇品築港への奮闘を、もう少し詳しくみてみましょう。

道路の改修と港湾の整備

千田は広島着任以来、県内をくまなく視察して回りました。その結果、二つの懸案が待ち構えていることを知ります。一つが築港と干拓事業ですが、もう一つは広島と島根・鳥取両県とを結ぶ、陰陽連絡道の改修です。広島〜可部〜浜田、可部〜松江、尾道〜三次〜松江の三本の道路（延べ208㎞）を、当時最高ランクの6m幅に拡張する工事でした。総工費は24万円余り、三分の一の8万円は国から補助してもらい、三分の一は関係町村からの寄付、残りの三分の一を広島県が負担する計画です。工事は、1884年から3か年計画で実施されました。

一方、築港と干拓事業ですが、政府は調査のためオランダ人技術者、ムルデルを広島に派遣しました。当時、日本に近代港湾技術はなく、外国人技術者に頼るしかなかったのです。特にオランダの技術は、港湾、治水、道路建設など、高く評価されており、国の近代化を推し進める明治政府は、多くのオランダ人技術者を招いていました。ムルデルも、その一人です。

1881（明治14）年8月、ムルデルは工事計画をまとめます（図45）。『新修広島市史』によると、概ね次のような計画案でした。

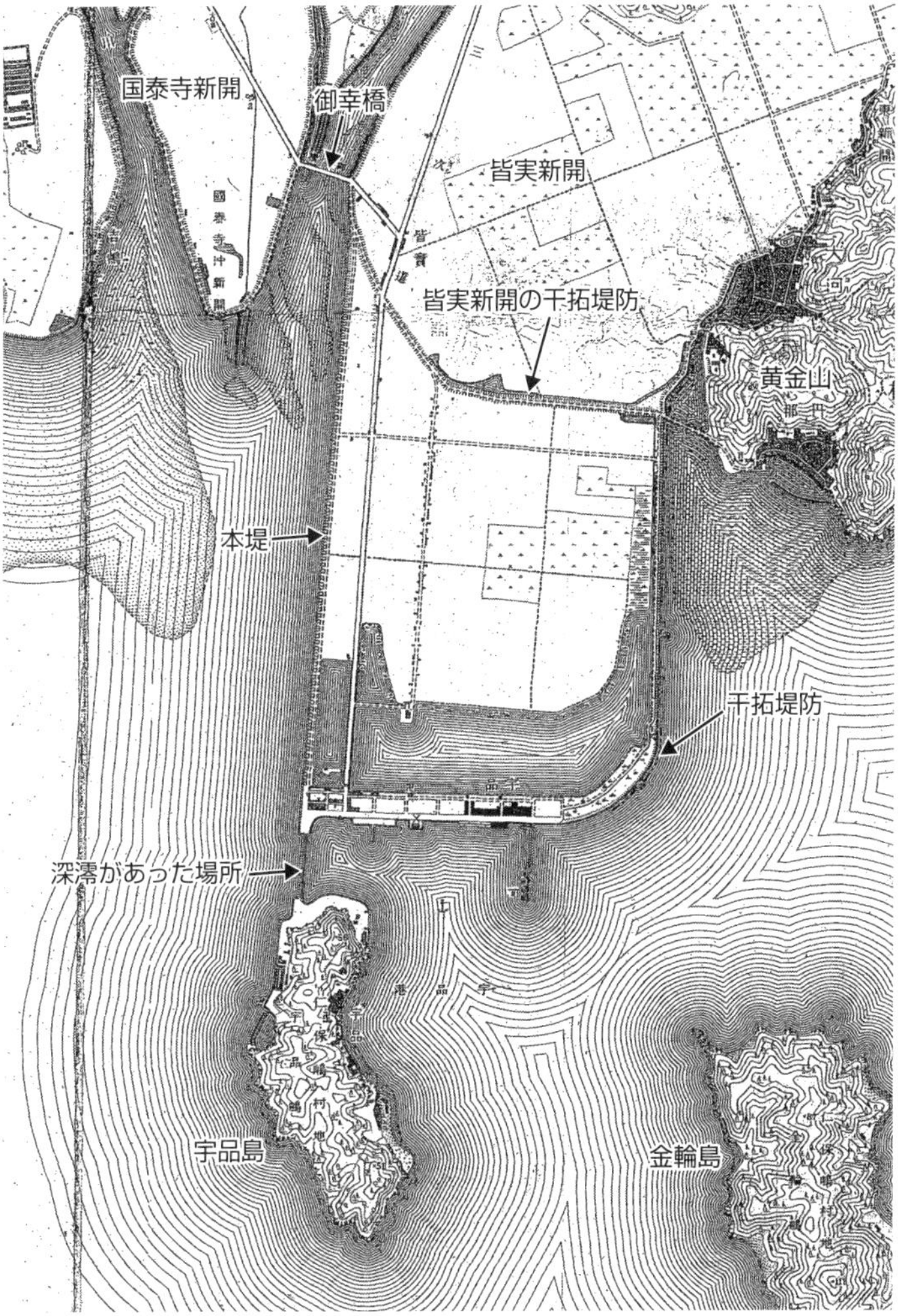

図 45　明治 27 年（1984）の宇品港周辺の様子
「1：20000 地形図 広島（大日本帝国陸地測量部 明治 29 年発行）」より
（出典：国土地理院、提供：広島市郷土資料館）
ムルデルの計画により築かれた本堤・干拓堤防の位置が確認できます。

㈠京橋川の左岸、皆実新開の西南の隅から宇品島に至る堤を築き、宇品・金輪両島の海峡を船舶の平穏な碇泊場とする。

㈡右の堤が宇品島と接する地点から、東方にまがる車道を築くとともに、前記の堤の内側に沿うて広島に通ずる車道を設けて、船舶の碇泊場と広島との交通を開く。

㈢㈡で築かれた堤の左方便宜の箇所から東ないし北に分かれまがつて、皆実新開の東南に達する堤を築き、その内部に新開墾地を作る。

（『新修広島市史 第二巻 政治史編』、広島市役所、1958年）


この計画は、築港・道路建設・土地造成の三つを盛り込んだ、大規模なもので、その予算は18万円を超す多額にのぼりました。しかし、もう一つの大事業、陰陽間の道路工事がすでに始まっており、それに加えて宇品築港・新地開発の事業までやる資金は、広島県にはありませんでした。

千田は、築港関連事業を市民の寄付に頼ることも考えましたが、額が巨大なだけにどれだけ集まるものやら、その〝めど〟の立ちようもありません。結局、築港計画は宙に浮いたまま、数年がむなしく過ぎていきました。

服部長七と「人造石」

多額の工事費で手詰まりとなり、困り果てていた千田県令の前に、一人の人物が現れます。明治初期の土木業界に一躍名をとどろかせていた愛知県人、服部長七《はっとりちょうしち》です（写真15）。彼が発案した「人造石工法」によって、状況が一変することになりました。

「人造石工法」とは、左官技術の一つである「たたき」の技術を、大規模な土木工事などに応用したものです。「たたき」は、消石灰と真砂（風化花崗岩が土壌化したもの）を混ぜて、水で練り、たたき固めたものですが、「人造石工法」は、この技術を使って石垣を固めるのです。これなら石は一番安物の粗石ですみますから、工事費を抑えることができます。

写真15　服部長七肖像
（岩津天満宮所蔵、提供：広島市郷土資料館）

長七は、東京で「たたき屋」を営んでいました。「たたき」は、土間や流しなど、湿気防止や水密性が要求される所に広く使われていましたが、長七のたたきの技術は評価が高く、当時の政府の中枢である大久保利通や木戸孝允らの邸宅の工事も請け負っています。

1877（明治10）年、「第一回内国勧業博覧会」が開かれましたが、このとき長七は泉水池工事を請け負うことで、当時内務大書記官の職にあった品川弥二郎《やじろう》と知り合います。ちなみに、弥二郎は長州藩出身で、吉田松陰《しょういん》の松下村塾に学び、尊王攘夷運動で活躍した人物です。千田が長七を知ったのがいつなのかは、はっきり分かっていませんが、1883（明治16）年頃、当時農商務省大輔《たいふ》となっていた弥二郎から紹介されたとも考えられています。

千田がさっそく長七を招き、ムルデルの計画を見せて予算額を聞くと、長七は11万円余りの額を提示しました。ムルデルに比べて大幅な減額です。「人造石」は石と石の間に人造石を充填して固める工法ですから、堤防の表法面を急勾配にして使用する土石の量を減らせますし、また加工が必要な切石ではなく未加工の野面石を使っても、崩れる心配がないという計算です。

しかし「人造石」は聞きなれない言葉でしたから、当然不安がる人もいました。当時の広島区長（市長）・栗原幹は、その製造方法や、耐久性、さらにこれまでの使用例などの質問を広島県に送りました。その使用例について、広島県は次のように答えています。

「（前略）高野山中ニ人造石ノ灯台アリ、弘法大師ノ築造セシモノナリトイヘリ。甲州ニ信玄塘ト称シ最モ堅牢ノ名アルモノアリ、武田信玄人造石ヲモッテ築キタルモノナリトイヘリ（後

略)」(松村英男編『広島百年』、毎日新聞社、1968年)

不安を除こうとしたのでしょうか。歴史上の有名人を引用し、人造石は昔から使われていた技術だと答えています。

1884年2月13日、広島県は服部長七と工事契約を交わしました。総工費は8万7108円です。11万円余りより、さらに減額しています。これは、「工事の進捗に応じ材料を交付すること」(『新修広島市史 第二巻 政治史編』、広島市役所、1958年)としたためです。工事資金は、4万9000円余りを「同進社」に、残りは市民からの寄付に頼ることにしました。「同進社」は、旧浅野藩士の授産を目的として、1880年3月に結成された団体です。ちなみに、辻維《つじい》岳《がく》(将曹《しょうそう》)、上田譲翁《じょうおう》、浅野忠《ただし》らが発起人となっています。

こうして、県は着工のメドをつけた上で、内務省に工事認可の申請を行いました。計画は順調に運ぶかと思われたのですが、足元から思わぬ問題が持ち上がります。

反対運動を越えて

問題とは、築港による埋め立て事業で漁場や養殖場を失う地元の漁民、そして新開の造成による排水の問題を心配する農民たちからの「反対運動」です。特に、仁保村大河《おおこう》(現 広島市南区）の住民たちには、痛切な思いがありました。

彼らはカキや海苔などの水産によって生計を立てており、海が奪われるのは死活問題だと訴えたのです。『新修広島市史』は、反対運動の激しさを次のように伝えています。

「築港の計画の最後の段階として、十七年一月十七日千田県令が広島区内の有志百数十名を召集し、起工の賛否を問い満場の賛成を得た日から、反対の運動は激しくなつた。同日、寺の梵鐘を合図に集まつた群集は激昂のあまり、築港賛成の有力者たる保田八十吉商店から酒・醤油の不買を決議したのみならず、乱暴に及ぶおそれがあり、広島県警察京橋分署が警戒を厳重にしたと伝えられるほどであつた〔安田八十吉手記控〕。また反対陳情のため千田県令の邸宅（上流川町）に赴いたときには、蓆旗《むしろばた》を立て竹槍を携えて不穏な空気にみちていたといわれる〔千田知事と宇品港〕」（前掲書、ふりがなは筆者）

その後も反対派は陳情を重ねますが、千田県令はそれらをすべて却下します。それならと、反対派の一部の住民が別の手に出ます。当時の内務卿・山県有朋《ありとも》に反対の「建白書」を送ったのです。山県は、千田の上司にあたります。

「ソノ工事タルヤ区民ノ負債ニ帰着スルモノナレバ区民ノ財政一層困難ヲ極ムルトイワザルヲ得ズ。（中略）負債ハ区民一般ノ重任トナリテ、利益ハ区民ノ一部ニトドマル。宇品島築港ハスナハチ広島区民一般ノ公益ニアラズ」（松村英男編『広島百年』、毎日新聞社、1968年）

「市民にまで寄付を求める宇品築港は、一般の住民の財政をより困難にするだけで、利益にならない」と訴えたのです。

千田県令は、住民の代表11人を県庁に呼んで、協力を仰ぐため説得を行いました。千田には、「この工事のことは一部地方の私情によって考えるべきではない」（『広島県史 近代1 通史Ⅴ』、広島県、1980年）、つまり、「国家レベルの観点からその価値をとらえなくてはならない」との考えがありました。また、説得にあたっては、建設に関わる仕事に地元の住民を雇うことを約束しました。

宇品港は、完成してすぐに勃発した日清戦争を皮切りに太平洋戦争まで、全国から招集された将兵を送り出す軍港として大きな役割を果たしました。当時、千田が一大軍港としてのイメージもっていたかどうかは分かりませんが、何らかの国益を担う港になってほしいと期待して、自分を鼓舞していたのではないでしょうか。

千田の説得が功を奏したのか、お上には逆らえないという諦めもあったのか、住民代表はついに協力の意を示し、次第に反対運動は収まっていきました。しかし実際のところ、どの程度の住民が納得していたのかについては疑問もあります。『廣島財界太平記』に、次のような記録もあるからです。仁保島村に住み、当時、築港現地工事の事務に従事した岩沢熊助氏の談話です。

「千田閣下の懇篤なる御諭《さと》しで、三ヵ目に解決がつきました。しかし其時には何等かのおしるしが頂戴出来るものと思つていたのですに、豫想外にも一厘の補償金さえ頂けず、その上に海苔ヒビも皆切つて除けいと命ぜられ、泣きの涙でヒビも切つて捨てました。そのため四百五十人からの漁業者は山口県、島根県、愛媛県など、遠くは対島〔原文ママ〕まで散り散りばらばらに分散してしまい、村民は生業を失い、後に至りましても布哇《ハワイ》などへ出稼ぎするようになりました」（佐伯嘉一『廣島財界太平記』、中国新聞社、1956年、「布哇」のふりがなは筆者）

千田に協力の意を伝えはしたものの、その後の生活が苦難に追われる悲しいものであったことが、恨み節となって伝わってきます。

起工式は1884年9月5日、宇品島の北岸で行われました。式には、激しい反対運動を展開してきた仁保島大河の漁民たちもいました。彼らは堤防の基礎になる石材を舟に積んで運び、式に先立って工事予定の海中に投げ入れました。これに千田県令はすっかり感激して、思わず目をうるませたといいます。しかし、漁民たちは本当はどのような思いで、海中に石材を投じたのでしょうか。

工事始まる

工事は、人造石を製造する工場と、それらの資材を保管する用地の造成から始まりました。

宇品島の北岸を埋め立てるものです。その後本堤（皆実新開南西～宇品島北）と干拓堤防（宇品島北～皆実新開南東）の建設予定線に沿って作業基地が築かれ、基礎となる捨て石が投げ込まれるなど、作業が進められていきました。

しかし、作業を進めるにしたがい、問題が生じてきました。諸資材は皆実新開から船に乗せて宇品島の工場に運び込むのですが、それが円滑にいかないのです。それは、干潟が続く海にありました。水深が浅いため潮が引くと船が運航できなくなり、資材が運べなかったのです。

そのため計画を前倒しして、自動車道を急きょ建設することになりました。宇品島から干拓予定地を通って広島市街に至る道路です。工事はまず、本堤の東側に平行して、皆実新開から宇品島の間の海中に、長さ約1・9㎞、幅約18mの道路を建設することから始められました。これが現在の「御幸《みゆき》通り」です。御幸通りは、周辺の土地に比べて一段高くなっていますが、これは、周辺土地に先駆け、単独で造られたため高低差が生じたのです。

道路は、御幸通りの北端で西と北に分かれます。西向きの道路は、御幸橋を渡って国泰寺新開を通り、鷹野橋（タカノ橋商店街入り口）に達します。北向きは、皆実新開を北上して比治山方面へ向かいました。なお、御幸通りが分かれる地点には、1896（明治29）年、日清戦争の勝利を記念する「宇品凱旋碑」が建てられています。

しかし、道路用地は地主からの寄付をあてにして計画されていましたから、工事は立ち往生します。地主が土地の提供を拒んだのです。工事の中止を求める声も上がりました。さらに地主たちは、県の行為を「不法」として裁判に訴える構えもみせます。

千田は、県の職員を通して説得にあたりました。

「もしも、あなた方が提訴したら（中略）あなた方は一も二もなく勝訴するに決まっている。なぜなら、県が無法なことをしているのは、県令自身が一番よく知っているからだ。（中略）それでもなお、私に主張することがあるとすれば、それはあなた方にある一片の義侠心《ぎきょう》がほしいということだけだ。その義侠が生み出す公益があまりにも大きいからだ」（松村英男編『広島百年』、毎日新聞社、1968年）

先に負けを認めた上で、「義侠心」に訴えたわけです。当時の時代感覚として、法律による裁定よりも、義侠心といった、情念の価値観が大きく人を動かしていたのかもしれません。こうした説得で地主の協力を得た県は、1885（明治18）年5月上旬、道路を完成させました。

同年8月、明治天皇が広島県に行幸し、御料車に乗って新道を走り、築港風景を見学しました。この天皇の巡行を記念して、新道には「御幸通り」の名が付けられ、皆実新開と国泰寺新開をつなぐ橋は、「御幸橋」と呼ばれるようになりました。当時、御幸通りの南端では、東に伸びる干拓堤防の建設がかなり進んでおり、天皇はそこに設けられた仮桟橋から乗船し、倉橋・呉港への視察に向かいました。

堤防に並んで、幅約140m、長さ約1・4㎞にわたる、土地の埋め立てが始まりました。工事中にもかかわらず堤防に着岸する船が増えてきたため、船着き場や荷揚げ機械など、港湾施設が必要になったからです。造成地の波際には、物資の積み降ろしができる長さ180mを超える「大雁木」も2か所整備されました。

逆境にひるまず

1885年の秋、埋め立て予定地をグルリと囲む、全堤防がほぼ完成し、残すのは潮止め工事だけとなりました。「潮止め」とは、干拓工事で海水の出入りを制御していた開口部を閉めきって、干拓地から海水を完全に遮断することです。潮止めをした所は、本堤の1か所と干拓堤防の2か所です。

潮止めは、同年12月の14日と15日の両日に行われました。ところが15日の満潮時、前日せき止めた潮止め現場で水がしみ込み始め、これが引き金となって堤防が崩壊してしまいました。工事を始めて最初の事故でした。

この事故で心深く傷ついたのが、工事請負人の服部長七です。たまたま居合わせた品川弥二郎に励まされ、工事は再開されますが、一時は「『一種ノ狂病ニオカサレシニアラザルカト怪シマルル』ほどの気の落としようだった」(前掲書)といいます。

決壊した場所は、仁保島大河と海田市の住民が懸命の努力を傾け、修築は2週間で終わり、大晦日には潮止め作業が完了しました。

しかし翌1886年、宇品築港工事には次々と災害や困難が襲いかかります。まず3月、風雨のなか、なにものかが樋門を破壊し、堤防が大きく決壊しました。5月には復旧されましたが、9月には再三悪天候に見舞われます。特に17日の大暴風雨では堤防2か所が大きく壊れ、新道の半分以上も破壊されてしまいました。

この年の7月、地方官の官制が改まり、県令・千田貞暁は、広島県の初代県知事となっていました。その千田知事と県職員に、人々の批判が向けられました。設計の不備を非難し、工事そのものを否定する人も出てきたのです。しかし、千田はひるみませんでした。「責任は自分がとる」として、復旧工事を指示します。

災害以外の困難も生じます。同じ年の10月には江田島海軍兵学校の建設工事が始まり、また同年12月には呉港で海軍鎮守府の庁舎建設起工式が行われたのですが、これにより、労働者や資材が不足したばかりか、材料費などの物価が高騰し、工事は大きな危機に直面したのです。

人手不足の窮地をしのぐため、県は近隣の婦人や少年にも声をかけ、また、広島監獄署の囚人も現場に投入しました。しかし、相次ぐ復旧工事や江田島と呉、二つの工事の影響で、宇品築港の工事費はさらに押し上げられていくことになりました。

金策に奔走

宇品築港の工事費は当初の予算を大幅に超え、千田知事以下、県の幹部は金策に苦しむようになります。当初、8万7108円でできるはずだった総工費は、30万142円にまで膨れ上がっていたのです。1887（明治20）年の秋頃には、三井銀行や第百四十六国立銀行と、たて続けに借金の申し入れをしていますが、金策は追い付きませんでした。

そこで、県は大胆な手に打って出ます。できたばかりの市街宅地や工場をすぐに売却し、工事費を捻出することにしたのです。県の幹部がセールスマンとなって、商談に飛び回りました。県幹部らは金策に尽力しましたが、相当な苦労があったようです。なかなか買い手のつかない宅地をめぐっては、当時県庁の会計課長だった山本久が、ようやく神戸の雀部という人に8万5000円で売却する仮契約を結ぶことができたのですが、これに地元から反発が起こります。

「斯うして宇品の海岸宅地に買手がついたという事が一般に知れ亘ると、例に依つて古い封建的排他思想からこれを批判する言議が盛んになり、市内の某々などから県下の有力者と協力してその宅地を買受けたいと申込んで来た」（佐伯嘉一『廣島財界太平記』、中国新聞社、１９５６年）。
「広島の土地は広島人が引き受けるのが筋だろう」というわけです。千田知事もこの申し出に賛同し、神戸の雀部へ破約を申し入れます。「すつたもんだの話の末、遂に千田知事自ら神戸に出張して、（中略）やつとのことで売買仮契約を無償で解くことを承諾させた」（前掲書）。

ところが、問題はこの後でした。いよいよ県下の買受け希望者たちに売却手続きをとろうとしたところ、「二の足を踏んで容易に事が運ばない。その内に一人逃げ、二人逃げ、翌二十一年四月頃には、驚く勿れ、厚かましくも買受方の取消しを申込み、県当局はまつたくのところ煮え湯を呑まされたのである」（前掲書）。

煮え湯を呑まされた薩摩人の千田は、安芸人をどのように思ったことでしょう。この解約事件は、京阪神の人達に広島県は信用できない取引相手だとの印象を与えてしまいました。

結局、その土地は広島区（市）が買い取ることになったのですが、それには条件がありました。「宅地は広島区の共有地として買い受けるが、その買入代金8万円は、県がメドをつけてほしい」というのです。県は三井銀行に融資を申し込みましたが、即刻断られました。例の解約事件で、「広島県は信用できない」と、烙印を押されていたからです。千田知事は上京して、三井銀行の三野村利助《みのむらりすけ》に直接交渉することを決意します。千田知事は、「広島出発に際し、蘇茂子夫人と水盃を交わし、伝家の短刀を深く懐に納めて行つた」（前掲書）といいます（写真16）。

元薩摩藩士の、悲壮な決意がうかがえます。

短刀を懐に入れて交渉の場に臨んだ千田の気迫に押されたのか、三野村は8万円もの融資話を直ぐに承諾しました。これで工事費の大半を調達できることになりましたが、なお支払いのメドが立たない3万5000円が、残ってしまいました。

1888（明治21）年2月、千田知事は意を決して、内務大臣・松方正義に国庫補助を申請する手紙を送ります。なぜ意を決しなければならなかったのかというと、これが2回目の申請だったからです。千田はすでに1886年11月、当時の内務大臣・山県有朋に、2万3700円余りの国庫補助金を仰いでいます。「一事業の補助金は一回限り」が原則だったのです。当然、申請は却下されました。しかし、千田はあきらめません。再度、申請書を送りました。根負けしたのか、松方は翌1889年3月、3万5600円余りの補助を認めました。

しかしその結果、千田は厳しい処分を受けることになります。宇品築港計画の不備とさらなる国庫補助の申請を責められる形で、「年俸12分の1」の処分を科せられ、またその年の

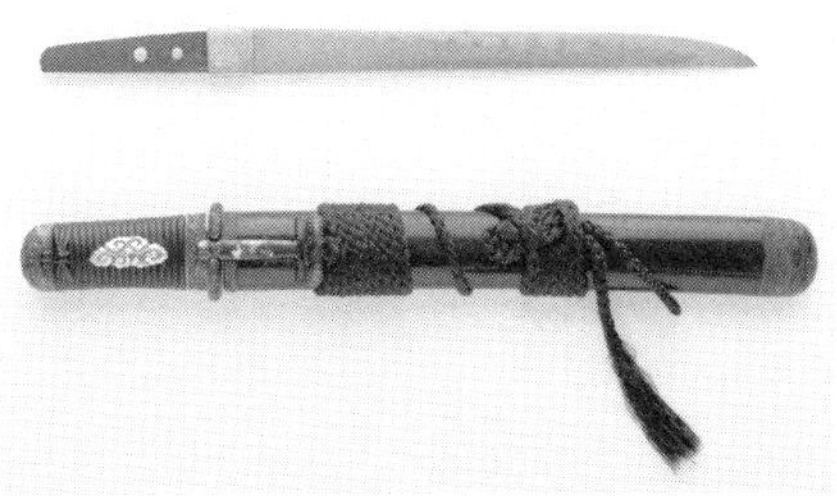

写真16　短刀 千田貞暁所用
（千田貞暁翁遺徳顕彰会所蔵、提供：広島市郷土資料館）

暮れには、広島県知事の任を解かれることになったのです。

落成式

宇品港は1889年11月30日に完成し、翌1890（明治23）年4月21日、落成式が開かれました。会場には天皇の名代として小松宮彰仁親王が姿を見せ、大勢の市民と港の誕生を祝いました。第五師団が打ち出す祝砲や花火が祭り気分を盛り上げます。しかしそこに、工事の最大の功労者である、千田貞暁の姿はありませんでした。

千田は、前年12月26日、新潟県への転任を命じられ、1月5日、自らが造った宇品港から去っていました。広島から式の案内が送られていましたが、千田は多忙を理由にこれを断っています。式当日は、午後過ぎから小雨が降り始め、「落成式は、形式的には頗る盛儀であつたが、千田知事の不参加と共に、あまりパツとしなかつた」（前掲書）といいます。また、「当時、この雨を『千田さんの恨みの雨』だと噂した」（前掲書）との話も伝わっています。千田の心中は、いかばかりだったでしょう。

千田は、強引ともいえるやり方で、時に反発も買いましたが、一方で、その「絶対にやりぬく」という徹底ぶりは、自らの犠牲も伴うものでした。工事の終盤、工事費捻出のための造成地の売却も済み、国庫補助の申請が下りても、まだ１９００円の不足が見込まれていました。千田は、その不足額を自分の私財で補填したのです。

「『なお千九百円の不足があるのは私の責任だ。だから私財で補いたい。いまから私財報告するので覚えておいてもらいたい。第一は六百六十円で買った自宅、第二は墓守用の田地（五百円）第三は宮島の別荘（百円）第四は山林（百円）その他現金二百円である。別荘は子供たちが楽しみにしているので、ちょっとだけ使わせてもらったら、あとはどのように処分してもらってもよい』。幹部のなかにはこの話を聞いて思わず泣きだすものもいた」（松村英男編『広島百年』、毎日新聞社、１９６８年）

千田の人柄を垣間見ることができるエピソードではないでしょうか。なお宮島の別荘とは、現在も紅葉谷で営業している旅館「岩惣」のことです。

築港、埋め立ての功罪

宇品築港は、完成当初は「無用の事業」との強い批判もありました。その価値が十分には認められなかったのです。しかし日清戦争が始まり、軍用港として大きな役割を果たすようになると、評価は一転、「国家有益の事業」とされ、千田貞暁の功績も称揚されるようになります。

そして、築港完成後26年が経った1915（大正4）年11月3日、千田知事の銅像記念碑の除幕式が開かれました（写真17）。それまで1894（明治27）年にも、第五師団長・野津《のづ》道《みち》貫《つら》らが記念碑の建立を呼び掛けたことがありましたが、話は立ち消えになっていました。その意志を継ぐ形で、広島市長の長屋謙二が音頭を取り、実現させたのです。銅像は御幸橋の南詰近くにあり、毎年「千田祭」が開かれます。千田貞暁の業績を讃えているのです。

写真17　千田貞暁銅像

1932（昭和7）年、宇品港は港域を拡大して「広島港」と改称し、商業港、工業港としても整備されていきました。終戦後、軍用港としての役割を終えた広島港は、1948（昭和23）年、貿易港として開港指定を受けます。広島経済圏の海の玄関として、大きく発展していくことを期待されたのです。

しかし一方で、負の側面もありました。築港と大規模な埋め立てによって海を奪われ、生活の糧を求めて海外への移住を余儀なくされた多くの漁民がいたことです。また戦時中、多くの将兵が宇品港から外地の戦場へ送られ、再び母国へ帰ってくることができなかったことも、決して忘れてはならないことです。

コラム 13 明治・大正時代の広島の街並み

明治時代に入り、「文明開化」の名のもと、広島の街も近代都市へと様変わりしていきました。原爆ドームが、元々は「広島県物産陳列館」として建てられた西欧風のモダンな建物だったことはよく知られていますが、ほかにも目新しい施設が次々と誕生していました。

細工町（現 広島市中区大手町一丁目辺り）に建てられた「五階楼」は、5階建ての料亭（料理商）で、当時ほとんどの家屋が木造の平屋か2階建てだったことを考えると、さぞかし目を引いたことでしょう。「帝国館」「日本館」「太陽館」などの活動写真館（映画館）も続々登場。市内各地に設置された鈴蘭灯は、広島の名物にもなりました。1921（大正10）年、堀川町にできた繁華街「新天地」には、広島市内初の喫茶店がオープン。劇場の「新天座」など、さまざまな娯楽施設が集まり、賑わいをみせました。

江戸時代の面影を残す町並みとモダンな建物が共存する、当時の活気あふれる街の姿が目に浮かびます。

二　太田川放水路

洪水に苦しめられた広島

福島正則は、洪水により壊された石垣を無断修復したとして、幕府から処分（改易）を受けました。正則に限らず、広島城の歴代城主は、洪水に悩まされ続けてきたのです。記録によると、江戸時代には、規模の大きな洪水が30回を数えています。大正時代にも、1919（大正8）年、1926（大正15）年に、そして昭和に入ってからも、1928（昭和3）年、1930（昭和5）年、1934（昭和9）年と立て続けに洪水が発生しました。1919年と1928年の被害は、特に甚大でした。このように洪水を宿命づけられ、その被害に絶えず苦しめられてきた街、それが広島です。

この宿命を断つ〝切り札〟として計画されたのが、太田川放水路です。広島市街めがけて流れ込む大容量の水を直前でくい止め、海に押し流す巨大装置です。建設が始まったのは、1934年でした。しかし、中国との戦争に続いて太平洋戦争に突入し、戦局が泥沼に陥ったため、工事は中断の憂き目にあいます。戦後も、すぐには工事に入れない事情がありました。社会状況が様変わりして新たな問題が生じ、工事再開を阻んだのです。結局、工事の再開は1951（昭和26）年まで待たなければなりませんでした。そのため放水路が概成《がいせい》（ほぼ出来上がること）したのは、なんと1967（昭和42）年のことでした。広島の街を洪水から救うための救世主ともいえる、「太田川放水路」の建設の歴史を振り返ってみましょう。

放水路建設を国へ陳情

「洪水に強い街をつくらなければならない」。広島市民をこの思いに駆り立てたのが、1928年の洪水でした。太田川下流部が大水害に見舞われたのです。

「6月23日から降りだした雨が24日夕方より豪雨となり、日雨量は可部で160㎜、広島で117㎜に達した。そのため可部を中心とした太田川下流の支川で、山崩れ、堤防決壊が相次ぎ、安佐郡下で大被害を出した。特に根谷川筋の可部や中原の被害は甚大であった。大正15年の災害復旧を完了したばかりの祇園の山本村では、ふたたび山津波が発生した」（『太田川史』、建設省中国地方建設局太田川工事事務所、1993年）

広島市内では、京橋川に架かる常盤橋と、その下手に架かる栄橋およびそれに並行して架かる水道管が流失しました。このため交通にも大きな支障をきたしたのです。被害総額は約411万円にも上りました。甚大な被害を目の当たりにして、市民の間で太田川の本格的な改修を国に求める気運が高まっていきます。

その気運をさらに押し上げたのが、商業港への要望でした。当時、千田知事が建設した宇品港は、もっぱら軍用港として使われていましたから、物流や市民の足となる商業港が求められたのです。しかし、予定の海域は頻発する洪水によって土砂が流れ込み、港には好ましくない環境が刻々とつくられていました。同月、水害の後、地元有志が集まって、太田川改修と商業港の実現に向けて、「期成同盟会」が結成されました。そして、10月末には、広島市長や議員らが上京して政府に陳情し、太田川改修を強く訴えました。

政府の財政も厳しい状況だったため、帝国議会が太田川改修のための予算を通過させたのは、1931（昭和6）年のことでした。『新修広島市史』によると、1932（昭和7）年度歳入出予算追加治水事業費河川費として、太田川改修費を昭和7年度より同21年度に至る15か年継続支出することが、経費1590万円のうち1083万1000円は国庫負担で、506万9000円を県・市が折半負担する条件で議決されています（『新修広島市史 第二巻 政治史編』、広島市役所、1958年）。

改修事業は、1932年に開始され、本格的な工事が始まったのは、1934年です。改修計画の中心となるのが、放水路の建設でした。放水路は、広島デルタを流れる7本の川（図46）のうち、西側の2本（山手川、福島川）を利用して、一本の大放水路に造り変えるものです。『太田川史』によると、計画流量は、大正8年7月4日の大洪水に基づいて4500㎥／sとし、これを放水路に3500㎥／s、市内5派川に1000㎥／sを分流させて処理することとしています（『太田川史』、建設省中国地方建設局太田川工事事務所、1993年）。5派川とは、猿猴川、京橋川、元安川、本川、天満川のことです。市内へ流す量の3倍以上を放水路に流して、市内を洪水から守ろうとする計画でした。

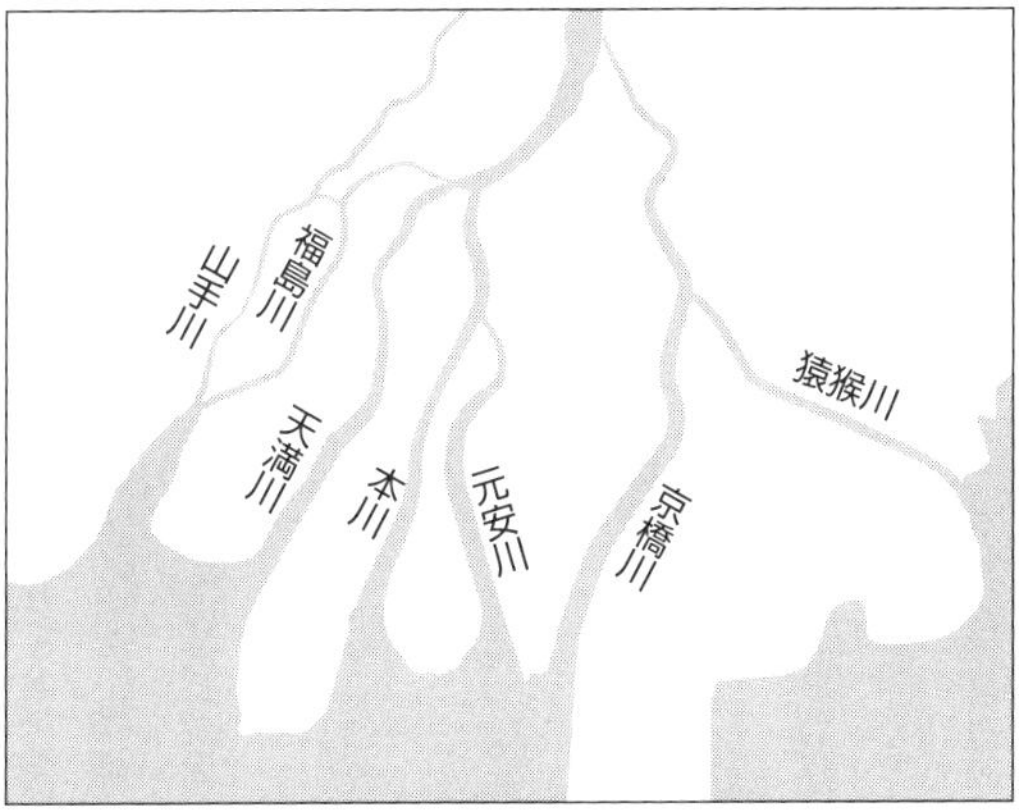

図46　7本の川（昭和初期）

戦時下の工事、そして中断

工事は、河口部の底面をさらって土砂を取り去る浚渫《しゅんせつ》や堤防建設から進められました。当初は順調に行くかと思われましたが、中国との戦争が本格化した1937（昭和12）年頃から状況は厳しくなっていきます。予算・人員ともに削減され、また工事が、民家や鉄道・電車などの交通機関が密集する中流域に移るにつれて、用地買収などの問題もあり、困難をきわめるようになっていったのです。

こうした状況の中、1943（昭和18）年の7月と9月、太田川が大きな氾濫を起こします。立て続けに起きた水害は、流域に甚大な被害をもたらしましたが、特に9月に襲った台風では、西原（広島市安佐南区）の観測所で最大流量6700㎥／sを記録しました。改修工事の計画流量は4500㎥／sを基準にしていましたから、これでは対応できないとして、流量の見直しが必要になりました。

しかし、1944（昭和19）年に入ってから戦局は悪化の一途をたどり、放水路の工事はついに中断を余儀なくされてしまいます。

戦後、工事再開への反対

1945（昭和20）年8月15日、戦争は終わりました。原爆で焼かれた広島市内を上空から撮影した写真があります（写真18）。放水路南部だけに直線でのびる護岸が見受けられ、工事が中断したことがよく分かります。

同年9月、原爆の惨禍を受けた直後の広島を台風が襲いました。この時の豪雨による被害も甚大なもので、１９４３年、そして今回と被害を受けた、当時の可部町から祇園町に至る太田川流域の住民が立ち上がります。直ちに「太田川治水期成同盟会」を結成し、太田川改修工事の促進を求めていくことにしたのです。しかし、事態は思わぬ様相も見せてきました。

１９４６（昭和21）年、工事の再開が決定されたのですが、意外にも、地元民から工事中止と計画の再検討を求める声が上がったのです。

写真18　1945年8月7日（原爆投下翌日）の広島空中写真（出典：国土地理院ホームページ https://mapps.gsi.go.jp/maplibSearch.do?specificationId=1606983）

「放水路開削工事は戦争以前に調査、計画されて着工されたものであり、計画実施にあたっては官僚的、一方的なものである。用地買収、家屋などの移転についても、当時の軍部の圧力などでほとんど強制的に行われた。（中略）また、広島市は今次大戦によって原爆による被害を受け、全市が破壊されており、放水路の位置についても再検討の必要がある」（前掲書）

戦前すでに用地買収されていた国有地に

は、原爆で焼け出された人々のバラックが次々と建てられており、その住民や、山陽本線以北のまだ用地買収されていない地域の住民、また、河口部の漁業関係者などから、工事の反対運動が起こりました。住民たちへの補償問題などから、結局、工事はさらに中断されることになります。

工事再開

補償問題が少しずつ解消され始めた1951年、ようやく放水路工事が再開されます。再開にあたっては、戦前の計画がいくつか見直されました。先にふれたように、1943年9月の洪水で、「6700㎥／s」の流量が観測されていたためです。『太田川史』によると、計画流量は6000㎥／sに変更され、放水路へは4000㎥／s、市内5派川へは2000㎥／s、分流することが決まりました（前掲書）。放水路は、市内西寄りの福島川を埋め立て、山手川を開削して建設されます。計画では、川幅を300mにまで広げ、両岸に築く堤防の高さは5・5mとし、堤防上部の幅（天端幅）は8mにするなど、大容量の激流に耐える堤防を目指しました。

ところで、山手川には、旧国鉄の可部線と山陽本線、2本の軌道橋が架かっていました。そのため、新しく建設する放水路にも軌道橋を建設しなければなりません。この軌道橋は嵩上げされた新堤防に架けられるため、高い位置に建設されますから、従来の低い軌道は使えません。嵩上げされた軌道の建設が必要となりました。この影響で、放水路に近い横川駅構内の軌道も、嵩上げが必要となりました。

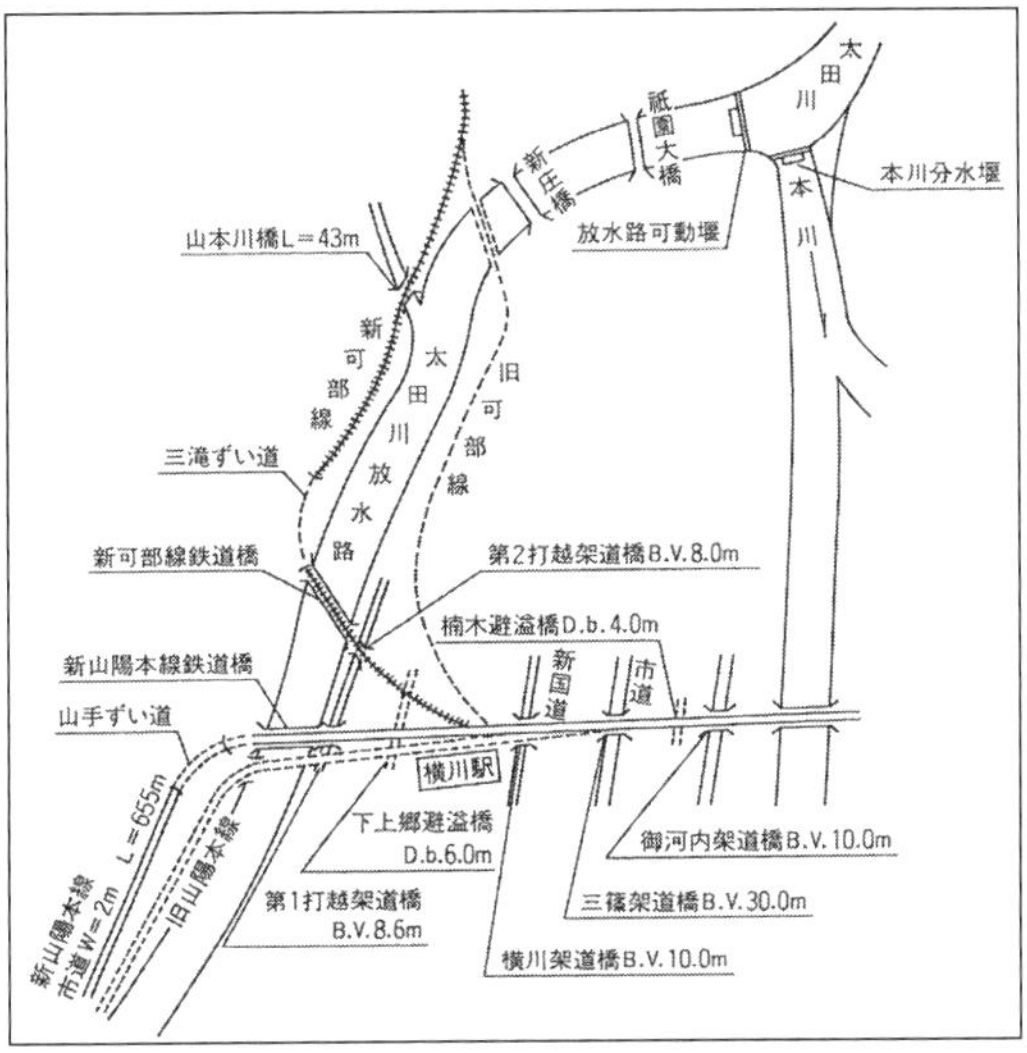

図47　横川駅改良その他工事略図
（出典：国土交通省 中国地方整備局 太田川河川事務所）

　一方、軌道のルートも、工事費を低く抑えるため旧路から変更されました（図47）。その結果、可部線の新軌道は横川駅から西に進むと、すぐに放水路を渡り、放水路右岸を北上して山本川を横切った後、従来線に接続されました（１９６２年10月）。山陽本線は従来の橋梁より20m上流に建設された新橋を渡った後、少し南下して従来線に接続されました（１９６３年12月）。

　山手川の南には、広電の電車専用橋が架かっていましたが、これも放水路へ新たに架設しなければなりません。その頃、広島市は比治山と庚午《こうご》を結ぶ都市計画道路（幅１００ｍ）を計画していました。現在の「平和大通り」です。この道路では、放水路上へ「新己斐橋」を新設する計画でした。つまり電車橋と道路橋の2本の橋が計画されていたのです。これではコストがかかることから、併用橋として「新己斐橋」が新設されることになりました。

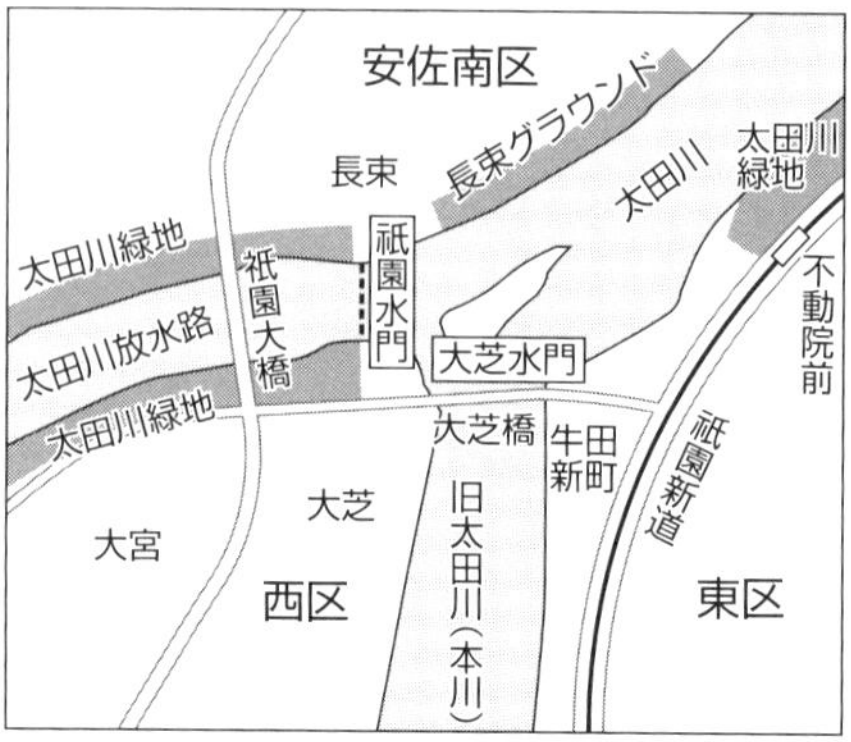

図48　祇園水門と大芝水門の所在地

放水路の要・水門

太田川が増水した時、市内5本の川へ流す水の量を安全な範囲に抑え、残りすべてを取り込んで海へ流すのが放水路です。そして、この流量を調整する弁の役割を果たすのが水門です。水門は2基取り付けられました。1基は、放水路側に取り付けられた「祇園水門」、もう1基は、市内5派川の上流に設けられた「大芝水門」です（図48、写真19、20）。

それぞれの川へどれだけの水量を流すかは、2基の水門を通る流量を測定しながら、それぞれのゲートを操作して調整します。太田川が増水したときは、祇園水門を全開にして、大芝水門のゲートを操作します。市内へ流れる水の量を抑え、放水路側に流し込むようにするのです。逆に渇水期など水の量が減ったときには、大芝水門を開いて5派川への流れを増やします。川の流れは都市景観に欠かせないものですが、それを損なわないようにしているのです。

写真 19　祇園水門

写真 20　大芝水門

大芝水門は１９６４（昭和39）年12月に、祇園水門は翌１９６５（昭和40）年3月に完成し、同年5月には通水式が行われました。太田川放水路が概成したのは１９６７年、残っていた小規模工事も含めて完成したのは、１９６８（昭和43）年です。着工から36年の歳月が経っていました。

毛利輝元が広島城下町を建設してから４００年近く、人々が絶えず苦しめられてきた洪水との闘いに光が投じられた瞬間でした。

おわりに ～読者の皆さまへ

広島城下町には、平田屋川と西堂川という2本の運河が開削され、広島城郭と広島湾とを結んでいました。運河沿いは階段状の「雁木」と呼ばれる船着き場が整備され、荷を積み降ろす威勢のいいかけ声が飛び交っていました。また、流川や薬研堀などの水路も掘られ、そうした水の景観は、通りを行く人々の心を癒し、楽しませていました。水が町の経済活動を支え、都市景観を構成していたのが、広島城下町でした。水が城下町の個性を形作り、ほかの都市にない魅力となっていたのです。

都市には個性があり、それぞれの魅力があります。そうした魅力を思いつくままに拾い上げていけば、街づくりのヒントが得られるかもしれません。

私と妻は海外旅行が好きで、いくつかの都市を訪れたことがあります。ここで、その中から特に印象に残った都市を挙げてみたいと思います。

まず、イタリアのヴェネチアです。海岸に面した「サン・マルコ大聖堂」を訪れたとき、私は驚きの光景に出くわしました。広場に向かって、海水がゴウゴウと唸りをあげて流れ込んできたのです。それを避けようと、街中の商店街に移動しましたが、状況は同じでした。道路は冠水し、商店の床は水に洗われていました。しかしそんな状況にもかかわらず、人々は運河で運んできた船荷を店に担ぎ入れていました。胸元まである防水ズボンを身にまといながら、テキパキと仕事をこなしている姿には、感動すら覚えたものです。

ヴェネチアは100余りの島からなり、その間を大小の運河が網の目状に走っています。島と島は400にのぼる石橋で結ばれています。市街に車や電車は一切ありません。頼れるのは徒歩か船のどちらかなのです。またヴェネチアでは、中世から保存されてきた街並みに手を加えることは、基本的に禁止されています。そこで暮らすヴェネチア市民は潮の干満をいとわず、むしろ、それを生活のリズムといわんばかりに生きていました。その逞しさが、私にはヴェネチアの魅力に写りました。

スペインのバルセロナにあるランブラス通りは、実に魅力的な公共空間でした。エンターテインメント満載の愉快な通りです。一筆描きの似顔絵画家もいれば、パントマイムの腕達者、それにピタリとも動かない銅像人間などがズラリと並んでいます。昔とった杵柄の楽器演奏で通行人を楽しませる爺様楽団もいて、旅心を高揚させてくれます。中でも圧巻だったのが、まるで生きているかのような操り人形の迫真の芸でした。ランブラス通りは、見る者にも演じる者にも、すべての市民に開かれた芸能の舞台でした。

ポルトガルの首都、リスボンでは、クリスマスイブの夜、街をブラついていると、どこからともなく讃美歌が流れてきました。メロディの美しさにひき寄せられていくと、大勢の市民が、讃美歌を口ずさみながら巨大な建物をめざしています。会場に一歩足を踏み入れた途端、私は圧倒されました。5000人を下らない市民がフロアをところ狭しと埋めて、讃美歌を口ずさんでいるのです。歌声は大河となって、館内をとうとうと流れていました。人々はやすらぎの表情を浮かべて、心から讃美歌を楽しんでいるようでした。

フランスのパリでは、ビールも飲める美術館にお目にかかったことがあり、驚きました。日本人の生真面目な感覚では、ほとんどタブーに近いサービスです。絵画も楽しみ、ビールも楽しむ、パリジャンの粋な思考をうらやましく思ったものです。


こうした柔軟な思考は、ときに社会を豊かにし、うるおいを与えてくれるのではないかと、私は思います。都市の魅力は視点の置き方、そして価値観によってさまざまに変わります。本書を手にした皆さま、今一度、理想の都市像を思い浮かべてみてください。

現在、広島の街にかつての運河や水路はありませんが、街を歩けば、きっと何か新しい魅力を発見できるでしょう。その「発見」が、これからの街づくりに役立つことを願ってやみません。

本書の出版に当たっては、下記の諸氏にお世話になりました。
広島信用金庫理事長 武田龍雄様からは、本書推薦の言葉をいただきました。その折には、秘書の中谷圭吾様が面談の労をとってくださいました。学校法人広陵学園 広陵高等学校事務次長 若杉様からは、貴重な城下町関連の資料をいただきました。医療法人社団恵正会事務長松島雅也様には、関係各位との調整を行っていただく一方、系列の社会福祉法人正仁会の入船千春様からは資料をご提供いただきました。誠にありがとうございました。
最後に、南々社の西元俊典代表取締役および本永鈴枝さんには、大変お世話になりました。終盤、体調不良の中で作業を進めましたが、お二人の激励が大きな力になりました。

２０１９年12月

原田 邦昭

夫・原田邦昭は、２０１９年12月28日、病のため逝去いたしました。夫にかわり、その意志を引き継ぐかたちで、微力ではありますが編集に協力し、ここに刊行を迎えることができました。本書が、広島の歴史を知り、今後の魅力あふれる街づくりへの一助となれば望外の幸せです。

原田 佳子

【引用・参考文献】

中国新聞社編『広島城四百年』、第一法規出版株式会社、１９９０年
土井作治監修『図説 広島市の歴史』、株式会社郷土出版社、２００１年
『広島県史 原始 古代 通史Ⅰ』、広島県、１９８０年
『広島県史 中世 通史Ⅱ』、広島県、１９８４年
『広島県史 近世1 通史Ⅲ』、広島県、１９８１年
『広島県史 近代1 通史Ⅴ』、広島県、１９８０年
『歴史群像・名城シリーズ⑨ 広島城』、株式会社学習研究社、１９９５年
『新修広島市史 第二巻 政治史編』、広島市役所、１９５８年
『新修広島市史 第六巻 資料編その一』、広島市役所、１９５９年
『ひろしま歴史の焦点・上巻』、中国新聞社、１９７６年
宗定一宏編『郷土史事典 広島県』、株式会社昌平社、１９８１年
河村昭一『安芸武田氏』、戎光祥出版株式会社、２０１０年
河合正治著、日本歴史学会編『安国寺恵瓊』、株式会社吉川弘文館、１９５９年
河合正治『安芸毛利一族』、株式会社吉川弘文館、２０１４年
谷口克広『戦争の日本史13 信長の天下布武への道』、株式会社吉川弘文館、２００６年
池上裕子著、日本歴史学会編『織田信長』、株式会社吉川弘文館、２０１２年
笠谷和比古『ミネルヴァ日本評伝選 徳川家康 ―われ一人腹を切て、万民を助くべし―』、株式会社ミネルヴァ書房、２０１６年
『歴史群像シリーズ⑨ 毛利元就』、株式会社学習研究社、１９８８年
『歴史群像シリーズ㊺ 豊臣秀吉』、株式会社学習研究社、１９９６年
『現代視点 戦国・幕末の群像 豊臣秀吉』、株式会社旺文社、１９８３年

『広島城絵図集成』、財団法人広島市未来都市創造財団 広島城、2013年
都築要『新廣島城下町』、広島郷土史研究会、1974年
外川淳『城下町・門前町・宿場町がわかる本』、株式会社日本実業出版社、2016年
伊藤毅『日本史リブレット35 町屋と町並み』、株式会社山川出版社、2007年
『中国新聞』「生きて」、中国新聞社、2009年7月14日~8月4日
『財団法人広島市歴史科学教育事業団調査報告書 第9集 広島市中区西白島町所在 広島城外堀跡西白島交差点地点』
財団法人広島市歴史科学教育事業団、1993年
松本四郎『城下町』、株式会社吉川弘文館、2013年
後藤陽一『広島城下町絵図集成』、広島市立中央図書館、1990年
下中邦彦編『日本歴史地名大系第三五巻 広島県の地名』、株式会社平凡社、1982年
片岡勝子「星野木骨(身幹儀)―江戸時代に制作された最初の等身大人体骨格模型―」、『日本医史学雑誌』第62巻第2号
(2016年)、123-126ページ
『千田知事と宇品港』、広島県、1940年
『宇品港』公益財団法人広島市文化財団、広島市郷土資料館、2018年
松村英男編『広島百年』、毎日新聞社、1968年
佐伯嘉一『廣島財界太平記』、中国新聞社、1956年
『太田川史』、建設省中国地方建設局太田川工事事務所、1993年
「旧国泰寺愛宕池」説明板
「白神社」説明板
「碇神社」掲示板由緒
「八剣神社」掲示板由緒

原田 邦昭（はらだ くにあき）

1944年広島市生まれ。1957年広島市立幟町小学校卒。1963年広島学院高等学校卒。1968年香川大学経済学部卒。1969年広島テレビ放送株式会社に入社。1984年より広島市政記者クラブ、広島経済記者クラブに在籍。2004年広島テレビ放送株式会社を退社後、執筆活動に従事。2019年12月28日逝去。

●装　　幀　山本 夢子（デザインスタジオ姉妹舎）
●本文DTP　濵先 貴之（M-ARTS）
●図版製作　岡本 善弘（アルフォンス）
●編集協力　竹島 規子
●編　　集　本永 鈴枝

＊本書の編集にあたり、各施設の皆さまには資料のご提供など、多大なるご協力をいただきました。厚くお礼を申し上げます。

広島ご城下 歴史たび

2020年3月31日　初版第1刷発行

著　者　原田 邦昭
発行者　西元 俊典
発行所　有限会社 南々社
〒732-0048　広島市東区山根町27-2
TEL 082-261-8243　FAX 082-261-8647

印刷製本所　モリモト印刷 株式会社

ISBN978-4-86489-112-7